DISTEL VERLAG

DISTEL HEFTE Beiträge zur politischen Bildung

Reinhard Kühnl, geboren 1936 im Sudetenland, Studium der Politikwissenschaft, Geschichte, Soziologie und Germanistik an den Universitäten Marburg und Wien. Seit 1971 Professor für wissenschaftliche Politik an der Universität Marburg. 1973 Gastprofessur an der Universität Tel Aviv. Seit 1974 Mitarbeiter an einem von der UNESCO geförderten Projekt über den europäischen Faschismus. 1972 Initiator der Neugründung des »Bundes demokratischer Wissenschaftler« und seither Bundesvorstand.

Die wichtigsten Schriften (in insgesamt zwölf Sprachen erschienen): *Die NS-Linke 1925–1930* (1966); *Das Dritte Reich in der Presse der Bundesrepublik* (1966); zus. mit Rainer Rilling und Christine Sager, *Die NPD. Struktur, Ideologie und Funktion einer neofaschistischen Partei* (1969); *Formen bürgerlicher Herrschaft. Liberalismus – Faschismus* (1971); *Der deutsche Faschismus in Quellen und Dokumenten* (1975); *Die geistige Krise der kapitalistischen Gesellschaft* (1976); *Faschismustheorien. Ein Leitfaden* (1979); *Die Welt zu Beginn der 80er Jahre* (1982); *Der Faschismus. Eine Einführung* (1983); *Die Weimarer Republik* (1985); *Nation, Nationalismus, nationale Frage* (1986); zus. mit Karen Schönwälder, *Sie reden vom Frieden und rüsten zum Krieg* (1986); *Streit ums Geschichtsbild. Die »Historiker-Debatte«* (1987).

Reinhard Kühnl

Gefahr von rechts

Vergangenheit und Gegenwart der extremen Rechten

Mit einem Dokumentenanhang, zusammengestellt von Karen Schönwälder

Distel Verlag

Satz (Berthold Garamond): Fotosatzservice Feldhoffer GmbH, Heilbronn.
Druck und Bindung: Franz Spiegel Buch GmbH, Ulm.
Umschlagentwurf: Jürgen Knaur, Heilbronn.
ISBN 3-923 208-23-5

Inhalt

Einleitung

Lange Zeit stagnierte die extreme Rechte in der Bundesrepublik auf niedrigstem Niveau. Zwar konnte die NPD nach 1966 mit 5 bis 10 Prozent überraschende Wahlerfolge erringen und in sieben Landtage und viele Kreis- und Kommunalparlamente eindringen.[1] Aber schon 1969 ging es mit ihr rasch wieder abwärts. Auch in den anderen europäischen Staaten kam die extreme Rechte seit 1945 über das Niveau von Splitterparteien nicht hinaus. In Frankreich hielt der Aufschwung der Poujadisten (1956–1962) auch nicht viel länger an als der Aufschwung der NPD in der Bundesrepublik. Eine Ausnahme bildete nur Italien, wo die neofaschistische Partei MSI seit Jahrzehnten zwischen 5 und 7 Prozent der Stimmen erhält.

Zwar wurden in den Randzonen der kapitalistischen Welt immer wieder terroristische Diktaturen errichtet, die in ihrer Zielsetzung und in ihrer Ideologie offensichtlich faschistisch oder doch dem Faschismus sehr ähnlich waren: so in Griechenland 1967, in Chile 1973, in der Türkei 1980 usw. Und es war auch ganz klar, daß dabei Industriekonzerne und Geheimdienste aus den entwickelten kapitalistischen Ländern (vor allem aus den USA) ihre Hand im Spiel hatten.[2] Auch existierten in Spanien und Portugal Regime weiter, die schon in der Periode zwischen den Weltkriegen errichtet worden waren; sie wurden erst um die Mitte der 70er Jahre abgeschafft. Aber in den entwickelten kapitalistischen Ländern selbst, gerade auch in Westeuropa, hatte es den Anschein, als brauche man die extreme Rechte gar nicht mehr zu beachten. Und die führenden Politiker der Bundesrepublik haben, wenn sie im Ausland nach den Aktivitäten der extremen Rechten gefragt wurden, auch immer die völlige Bedeutungslosigkeit dieser Kräfte behauptet und als Beweis auf die Wahlergebnisse hingewiesen.

Mit dieser Verleugnung und Verdrängung des Problems ist es

nun seit der Mitte der 80er Jahre vorbei. Parteien der extremen Rechten, wie die »Republikaner«, aber auch NPD und DVU, haben einen beachtlichen Aufschwung erlebt, ihre Stimmenzahl um ein Vielfaches gesteigert und den Einzug in Kommunal- und Landesparlamente geschafft. Die Republikaner konnten (mit einem Stimmenanteil von 7,1%) im Juni 1989 sogar ins Europa-Parlament eindringen. Auch in anderen europäischen Ländern, vorab in Frankreich, erhielt die extreme Rechte wieder Zulauf.

Die Antifaschisten haben mit ihren Warnungen also – leider – recht behalten: Die »Gefahr von rechts« ist keineswegs durch die Niederwerfung der faschistischen Herrschaftssysteme 1945 endgültig erledigt. Gewisse Voraussetzungen bestehen offensichtlich immer noch, aus denen auch in den entwickelten kapitalistischen Ländern rechtsextreme Ideologien und Parteien hervorgehen können.

Die extreme Rechte hat – insbesondere in Gestalt des Faschismus – in unserem Jahrhundert den Geschichtsprozeß wesentlich beeinflußt und verheerende Wirkungen hervorgebracht. Der Faschismus hat Massenmord in einem Ausmaß praktiziert, wie es die Menschheit bis dahin nicht gekannt hatte. Und er hat die Welt in einen Krieg gestürzt, der zu 50 Millionen Toten führte und weite Teile Europas in Trümmer legte. Welches ist der gesellschaftliche Boden, auf dem solche Ideologien und Bewegungen gedeihen können? Mit welchen Interessen ist eine solche Politik verbunden? Was können wir aus den geschichtlichen Erfahrungen lernen? Diese Fragen sollen im *Ersten Teil* dieses Buches behandelt werden.

Im *Zweiten Teil* ist dann zu prüfen, wie die Entwicklung sich vollzogen hat, nachdem das faschistische Herrschaftsystem 1945 zerschlagen war: Welche Bedingungen bewirkten, daß die extreme Rechte lange Zeit nicht zum Zuge kam – und welche Bedingungen es andererseits ermöglichten, daß rechtsextreme Tendenzen weiter existierten, neu entstanden und dann – scheinbar plötzlich – wieder anwachsen konnten. Insbesondere die Analyse der NPD, die den ersten und bis zu den 80er Jahren einzigen Aufschwung der extremen Rechten in der Bundesrepublik repräsentiert, kann hier wichtige Lehren vermitteln.

Auf diesem Hintergrund einerseits und aus der Untersuchung der gesellschaftlichen und politischen Prozesse seit den 70er Jahren andererseits ist dann der neue Aufschwung einer modernisierten extremen Rechten darzustellen und zu erklären. Von hier aus sind die zentralen Fragen zu formulieren: Welche Bedeutung hat der Aufschwung der extremen Rechten wirklich? Welches ist der politische Charakter dieser rechtsextremen Parteien? Welches sind ihre Ziele? Wie wollen sie Staat und Gesellschaft, wie wollen sie die internationalen Beziehungen gestalten? Kann man diese Kräfte als neofaschistisch bezeichnen? Wer sind ihre Funktionäre, ihre Mitglieder und ihre Wähler? Aus welchen Motiven werden sie gewählt? Mit welcher Ideologie werden die Wähler angesprochen, mit welchen Versprechungen werden die Anhänger mobilisiert?

Der *Anhang* soll die aktuellen Entwicklungen, den politischen Charakter und die Ziele der extremen Rechten durch Dokumentenmaterial veranschaulichen.

Die vorliegende Schrift versteht sich als Beitrag zur politischen Bildung. Sie hat also Grundsachverhalte aufzuzeigen, die zu bedenken sind, wenn man das Aufkommen politischer Kräfte erklären will, die wir als rechtsextrem und faschistisch bezeichnen. Sie richtet sich also nicht primär an »Fachleute«, sondern an alle politisch Interessierten; und in der Tat sind ja auch tendenziell alle von der »Gefahr von rechts« betroffen. Das Buch ist also – so hoffe ich – allgemein verständlich geschrieben; »Fachterminologie« wird, wo immer dies möglich ist, vermieden. Eine detaillierte Gliederung und Zwischenüberschriften sollen die Struktur der Argumentation deutlich erkennbar machen.

Der Charakter dieser Schrift als Einführung und Grundlegung bedeutet aber auch, daß der interessierte Leser bei vielen Fragen das Bedürfnis verspüren wird, noch Genaueres zu erfahren, noch tiefer in das Problem einzudringen. Auf weiterführende Literatur wird deshalb sowohl in den Anmerkungen wie auch im Literaturverzeichnis hingewiesen. Eine ganze Reihe der hier behandelten Probleme habe ich an anderer Stelle selbst ausführlicher dargestellt. Vor allem möchte ich auf meine allgemeine Einführung »Der Faschismus. Ursachen, Herrschaftsstruktur, Aktualität« und auf meinen Dokumentenband »Der deutsche Faschismus in Quellen und Dokumenten« hinweisen. Wie sich die Umwandlung einer parlamentarischen Demokratie in eine faschistische Diktatur konkret vollziehen kann, habe ich in meinem Buch »Die Weimarer Republik« dargestellt. Einen kritischen Überblick über die wichtigsten Faschismusinterpretationen gibt mein Buch »Faschismustheorien«. Und die Frage des Nationalismus habe ich untersucht in »Nation – Nationalismus – Nationale Frage«. In diesen Büchern mag der Leser Manches finden, was hier notgedrungen zu kurz kommt.

Erster Teil

Gesellschaftliche Grundlagen und geschichtliche Erfahrungen

A. Die gesellschaftlichen Grundlagen

Die *Gesellschaftsordnung*, in der wir leben, die sich seit dem 19. Jahrhundert herausgebildet hat und die man je nach Geschmack die bürgerliche oder die kapitalistische nennen kann – es macht in der Sache keinen Unterschied –, ist durch einige *grundlegende Mechanismen* gekennzeichnet.

Der erste Mechanismus liegt darin, daß die Wirtschaft im Privatbesitz einer Minderheit ist und in deren Interesse fungiert. Und der zweite liegt darin, daß der Konkurrenzkampf zwischen den Kapitalinhabern den Motor des wirtschaftlichen Lebens ausmacht. Das sind schlichte Beobachtungen, aber sie sind sehr folgenschwer. Sie bedeuten nämlich: Das elementare Interesse der Kapitalbesitzer ist darauf gerichtet, Arbeitskräfte möglichst billig zur Verfügung zu haben. Es geht also zunächst darum, daß im eigenen Land die Lohnkosten nicht zu hoch sind. Aber dieses Interesse reicht darüber hinaus: Die Voraussetzungen für den Konkurrenzkampf sind noch günstiger, wenn es gelingt, auch andere Völker unter Kontrolle zu bekommen, damit diese als billige Arbeitskräfte zur Verfügung stehen – sei es als importierte »Gastarbeiter« oder nötigenfalls auch als Zwangsarbeiter in der Metropole, sei es in den Produktionsstätten ihres Heimatlandes. Schon auf dieser Ebene gibt es also einen Zusammenhang zwischen Disziplinierung der Arbeitskräfte im Innern und Versuchen, Machtpolitik nach außen zu entfalten. Es ist ein und dasselbe Interesse, das hier zur Wirkung gelangt.

Aber auch die Expansion des Kapitals mit ökonomischen Mitteln und die Absicherung dieser Expansion mit militärischen Mitteln gehören zusammen, sind nur zwei unterschiedliche methodische Verfahren für ein und dasselbe Ziel. Wenn nämlich ökonomische Mittel der Expansion nicht ausreichen, dann liegt der Gedanke nahe, auch Militärgewalt einzusetzen. Der berühmte Satz des bürgerlichen Kriegstheoretikers Clausewitz: »Der Krieg ist die Fortsetzung der Politik mit anderen Mitteln«

kann auch so verstanden werden; es handelt sich um die Fortsetzung derselben Interessen, nur mit anderen Mitteln.

In der Tat können wir beobachten, daß die Unterwerfung anderer Völker in Afrika und Asien seit dem beginnenden Kapitalismus mit äußerster Brutalität betrieben wurde und seit der zweiten Hälfte des 19. Jahrhunderts geradezu systematischen Charakter angenommen hat.

Ein zweites Moment kommt aber hinzu. Dieses Gesellschaftssystem ist, wie schon angemerkt, auch gekennzeichnet durch den Konkurrenzkampf zwischen den Kapitaleinheiten. Nun bedeutet das aber, daß in dem Maße, in dem der Konkurrenzkampf internationale oder sogar weltweite Dimensionen annimmt, ein Wettlauf einsetzt um die Beherrschung von Rohstoffgebieten, von Absatzmärkten, von billigen Arbeitskräften, von Kapitalanlagesphären; und dieser Wettlauf zwischen den nationalen Kapitalen wird immer auch ausgetragen mit staatlichen Machtmitteln, und das heißt, wenn es sein muß, auch mit militärischen.

Das ist der Grund dafür, daß seit dem Ende des vorigen Jahrhunderts das moderne Wettrüsten einsetzt. Das Wettrüsten hat also seinem geschichtlichen Ursprung nach überhaupt nichts zu tun mit dem Systemgegensatz zwischen Kapitalismus und Sozialismus, nichts mit einer »kommunistischen Gefahr«. Es gab noch gar kein sozialistisches Land, als das Wettrüsten bereits mit aller Macht losbrach. Das Wettrüsten hat seine eigentlichen Antriebskräfte in dem Expansionsdrang des Kapitals, in dem Drang, sich andere Völker und Reichtümer verfügbar zu machen.

In der Tat liegt hier auch der Ursprung des Ersten Weltkrieges. Dieser Krieg ist ein gigantischer Kampf um die Verteilung und Beherrschung der Welt zwischen den großen kapitalistischen Staaten. Und in gewisser Hinsicht ist der Zweite Weltkrieg ein zweiter gigantischer Kampf zwischen den großen kapitalistischen Mächten um die Neuverteilung der Welt. Es waren die auch nach 1918 bei der Verteilung zu kurz gekommenen, aber über große Expansionspotentiale verfügenden Mächte Deutschland, Japan und Italien, die sich zu einer neuen Aggressorenkoalition zusammenschlossen. Sie führten den Krieg, um den »besitzenden« Mächten Großbritannien, Frankreich und USA ein Stück Weltherrschaft zu entreißen. Und wenn man genau hinsieht, dann wird erkennbar, daß dieses Motiv auch seit 1945 eine ganz wesentliche Antriebskraft für Rüstung und Kriegsvorbereitung darstellt: Es geht auch seit 1945 wesentlich darum, militärische und geostrategische Verhältnisse zu schaffen, um die Länder der Dritten Welt und deren Befreiungsbewegungen entweder unter Kontrolle zu halten oder, sofern sie sich schon befreit haben, wieder unter Kontrolle zu bekommen. Schon deswegen war es wichtig, gegenüber dem Systemgegner, der UdSSR, ein militärisches Übergewicht anzustreben.

Für eine solche Politik wurden natürlich auch ideologische Mittel benötigt, um das zu rechtfertigen, was man tat: Expansion und Unterwerfung anderer Völker; und um die eigene Bevölkerung zu gewinnen und zu mobilisieren für eine solche Politik. Denn diese sollte ja bereit sein, die sozialen Lasten für die Rüstung auf sich zu nehmen und im Ernstfall auch auf die Schlachtfelder zu ziehen.

So also waren die Interessen beschaffen, für die in den Weltkriegen Millionen von Menschen in den Krieg getrieben wurden und in den Tod.

Doch es waren auch *Gegenkräfte* herangewachsen. Schon mit der Französischen Revolution von 1789 hatten die Volksmassen die Bühne der Geschichte betreten. Seither bildet der Kampf um die Realisierung der allgemeinen Menschen- und Bürgerrechte den Hauptinhalt der politischen Kämpfe. Mit der Herausbildung der abhängig Arbeitenden als einer neuen Klasse im Gefolge des industriellen Kapitalismus und mit der Formierung dieser Klasse zur Arbeiterbewegung erhielten diese Kämpfe eine stabilere Basis. Und sie konnten nun organisiert und kontinuierlich, also generationsübergreifend geführt werden. Angesichts des oben skizzierten Charakters des Kapitalismus hatte die Arbeiterbewegung von Anfang an einen doppelten Kampf zu führen: Einmal um allgemeine politische Rechte und um Schutzrechte für die abhängig Arbeitenden gegenüber der Dispositionsmacht des Kapitals im eigenen Lande – mit dem längerfristigen Ziel, das System der Lohnarbeit überhaupt aufzuheben. Zweitens und zugleich aber immer auch einen Kampf gegen die Interessen, die auf Rüstung und Kriegsvorbereitung drängten und sich ideologisch äußerten in Militarismus, Rassismus und Nationalismus; einen Kampf also im Namen der Solidarität der Völker und des Internationalismus.

Es wäre nun zu fragen, welches denn der Platz des Faschismus innerhalb dieses Gefüges ist. Der Ausgangspunkt ist die Erkenntnis, daß die sozialen Schutzrechte und die politischen Mitwirkungsrechte, die von der bürgerlichen Revolution und dann von der Arbeiterbewegung im Laufe vieler Jahrzehnte erkämpft worden sind, niemals gänzlich gesichert waren (und auch heute nicht gesichert sind). So gab (und gibt) es denn auch immer neue Anläufe der Gegenseite, diese Rechte doch wieder einzuengen. Das kann sich in verschiedenen Stufen vollziehen: von der Disziplinierung in einzelnen Fällen über autoritäre Herrschaftsformen bis hin zu terroristischen Diktaturen. Faschismus ist in dieser Perspektive diejenige Bewegung und Ideologie, die alles, was seit der bürgerlichen Revolution erreicht wurde, bekämpft und negiert. Und kommt der Faschismus an die Macht, so ist er diejenige Herrschaftsform, in der der soziale Konflikt zwischen Lohnarbeit und Kapital vollständig im Sinne des Kapitals zu lösen unternommen wird. Oder anders gesagt: diejenige Herrschaftsform, die alle sozialen Schutzrechte und alle politischen Möglichkeiten organisierter Gegenwehr der abhängig Arbeitenden radikal und vollständig zu beseitigen versucht. Ihre Organisationen werden durch Einsatz staatlichen Terrors zerschlagen, ihre aktiven Vertreter eingekerkert.

Das kennzeichnet nun in der Tat den sozialen Gehalt aller Varianten dieser Herrschaftsform. Das gilt für das italienische System (nach 1922) ebenso wie für das deutsche (nach 1933), für das spanische (nach 1939) ebenso wie für das chilenische (seit 1973). Das ist der soziale Kern des Faschismus.

Es muß allerdings hinzugefügt werden, daß in den Ländern, die über ein starkes ökonomisches und militärisches Potential verfügen, der Faschismus noch eine zweite Stoßrichtung hat, daß er sich dort nicht nur nach innen richtet, sondern auch nach außen. In Ländern wie Italien, Japan und dem Deutschen Reich ist der Faschismus auch dadurch charakterisiert, daß er alle Kräfte konzentriert auf die Vorbereitung und Durchführung eines Eroberungskrieges. Eben deshalb ist er bestrebt, von Anfang an alle Hindernisse aus dem Weg zu räumen, die diesen Weg in den Krieg hemmen könnten.

Wenn man danach fragt, warum in Deutschland schon im Jahre 1933 mit dieser terroristischen Wucht die Arbeiterbewegung so vollständig zerschlagen worden ist, dann hat das also seinen Grund nicht nur darin, daß in Deutschland selbst in den Betrieben, in den sozialen Auseinandersetzungen die abhängig Arbeitenden wehrlos gemacht werden sollten, sondern auch darin, daß alle Kräfte beseitigt werden sollten, die den großen Eroberungskrieg vielleicht hätten verhindern können.

B. Die Ideologie

1. Nationalismus und Biologismus

Politisch und ideologisch werden solche undemokratischen Konzepte besonders nachdrücklich vertreten von der extremen Rechten. Mit welcher Ideologie diese Konzepte begründet werden, ist gut erforscht. Die Grundmotive haben sich seit dem Kaiserreich kaum verändert. Sie wurden nach dem Ersten Weltkrieg von den völkischen und nationalistischen Gruppen aufgenommen und von der NSDAP mit aller Konsequenz zu Ende geführt. Und sie wurden nach 1945 bis in die Gegenwart hinein weitergeführt – natürlich jeweils in »modernisierter« Form.

Im Zentrum dieser Ideologie stehen zwei Thesen: Erstens wird behauptet, daß die eigene Nation sich in einem schweren Existenzkampf gegen die anderen Nationen befinde und daß deshalb das Interesse der eigenen Nation die oberste Leitlinie alles politischen Handelns sein müsse. »La France d'abord« – »Frankreich zuerst« – verkündete die Rechte in Frankreich schon am Ende des vorigen Jahrhunderts, und die Nationale Front von Le Pen hat diese Formel exakt übernommen. »Right or wrong – my country« (»Recht oder Unrecht – mein Land«) hieß es in Großbritannien – ebenfalls schon damals. In Deutschland hatte die rücksichtslose Durchsetzung der »nationalen Interessen« gegen andere Völker und Nationen schon das Kaiserreich zur Richtlinie seiner Politik gemacht – besonders eklatant nach 1914. Der Faschismus hatte diese Ideologie aufgenommen und mit brutalsten Methoden durchgesetzt. »Deutschland zuerst« heißt es auch jetzt bei NPD, DVU und »Republikanern«. Ein ausgeprägter, rücksichtsloser Nationalismus bildet also ein zentrales Motiv jeder rechtsgerichteten Ideologie. Er ist um so schärfer ausgeprägt, je weiter rechts eine Partei steht. (Dabei kann der Inhalt dessen, was mit »Nation« gemeint ist, sich natürlich verändern –

bis hin zur »Nation Europa« – so der Titel einer neofaschistischen Zeitschrift). Daß es sich hier um einen ideologischen Ausdruck des realen internationalen Konkurrenzkampfes zwischen den nationalen Kapitalen handelt, ist leicht zu erkennen.

Zweitens wird behauptet, daß es nun einmal Menschengruppen unterschiedlicher Qualität gebe: höherwertige und minderwertige; und daß die höherwertigen das Recht haben, sich durchzusetzen und die minderwertigen zu beherrschen. Diese Behauptung bezieht seit dem Ende des vorigen Jahrhunderts ihre Rechtfertigung hauptsächlich aus der Biologie und der Evolutionstheorie von Darwin: Die Durchsetzung des Stärkeren, »the survival of the fittest«, sei ein allgemeines Prinzip alles Lebendigen und gelte auch für die menschliche Gesellschaft (daher der Begriff *Sozialdarwinismus*).

Diese Behauptung vom unterschiedlichen Wert verschiedener Menschensorten kann sowohl auf die soziale Struktur innerhalb der Gesellschaft wie auch auf die Beziehung zwischen den Völkern und Staaten angewandt werden. Für die Sozialstruktur lautet die Schlußfolgerung, daß es immer ein Unten und ein Oben geben müsse, daß also Hierarchie und nicht Gleichheit das bestimmende Prinzip sein müsse. Und weiter: daß die Tüchtigen und Leistungsstarken ihre höhere Qualität eben dadurch beweisen, daß sie sich durchsetzen.

Für die internationalen Beziehungen wird die höhere Qualität des eigenen Volkes, der eigenen Nation, der eigenen Rasse proklamiert. Nationalismus, völkische Ideologie und Rassismus gehen hier durchaus ineinander über. Die angeblich von Natur aus gegebene *Verschiedenartigkeit* bedeutet in der Ideologie der Rechten immer auch eine *Verschiedenwertigkeit*, auch wenn das nicht immer ganz offen verkündet wird.

Das zweite zentrale Motiv rechter Ideologie ist also die Rechtfertigung der vorhandenen Ungleichheit. In manchen konservativen Varianten werden dafür kulturelle und geschichtliche Begründungen angeführt. Seit dem Ende des vorigen Jahrhunderts aber gewannen biologische die Dominanz: Ungleichheit gilt hier als von der Natur gegebene und also unabänderliche Verschiedenartigkeit und Verschiedenwertigkeit der sozialen

Schichten und Klassen ebenso wie der Völker und der Rassen. Für diese Motivgruppe steht der Begriff des Sozialdarwinismus im Zentrum.

Beide Motive sind traditionell der gesamten Rechten gemeinsam. Der Unterschied zwischen der gemäßigten und der extremen Rechten liegt hier in der Schärfe, mit der diese Motive ausgeprägt sind.

2. Ideologie – Herrschaft – Krieg

Daß solche Ideologien übereinstimmen mit den Interessen der besitzenden und herrschenden Klassen und deshalb von diesen auch tatkräftig gefördert wurden, ist leicht zu verstehen. Es war damit sowohl nach innen die Niederhaltung der arbeitenden Bevölkerung und ihrer Ansprüche auf soziale Gleichheit und Emanzipation zu rechtfertigen wie auch nach außen die Mobilisierung aller Kräfte der Nation für den internationalen Konkurrenzkampf – für den ökonomischen und, wenn es sein mußte, auch für den militärischen. Der Nationalismus behauptet die Existenz einer nationalen Gemeinschaft, die einheitliche Interessen habe und deshalb geschlossen auftreten müsse. So konnten Klassenspaltung und soziale Interessenunterschiede zugedeckt werden, und die Kritiker solcher Machtpolitik konnten als »Staatsfeinde« und »Volksfeinde« diffamiert und entsprechend behandelt werden. Und mit der Ideologie vom »ewigen Kampf der Völker und Nationen« konnten auch die ungeheuren Opfer gerechtfertigt werden, die den Volksmassen im Gefolge dieser Machtpolitik auferlegt wurden. Diese Ideologie kulminierte in dem Satz der Faschisten: »Du bist nichts, dein Volk ist alles«. Aber sie war keineswegs von den Faschisten erfunden worden. Schon nach dem Ersten Weltkrieg hatte es zur Rechtfertigung der Millionen von Toten, die auf den Schlachtfeldern liegen geblieben waren, geheißen: »Sie starben, damit Deutschland lebe«. Und solche Sprüche standen dann auf Tausenden von

»Kriegerdenkmälern«, die in jeder Kleinstadt und beinahe auf jedem Dorf errichtet wurden und den ideologischen Boden für den Aufstieg des Faschismus und für den Weg in den Zweiten Weltkrieg bereiten halfen.

3. Die Ideologie und die Massen

a. Das Problem

Daß die Herrschenden rechte Ideologien gefördert und propagiert haben, ist also leicht zu erklären. Viel schwerer zu erklären ist es, warum andere Schichten der Bevölkerung, die dabei keineswegs die Nutznießer, sondern die Opfer und die Leidtragenden sind, solche Ideologien annehmen, manchmal sogar begeistert und massenhaft. Nun ist es zwar auch ganz interessant, die Namen derer zu kennen, die solche Ideologien als geistige Gebilde, als zusammenhängende Weltinterpretation geschaffen haben. Doch der Hinweis, daß dieser oder jener Philosoph eine bestimmte Ideologie – z. B. den Rassismus – ausgedacht und niedergeschrieben habe, ist noch keine Erklärung dafür, daß große Menschenmassen das dann auch glauben, was er sich ausgedacht hat. Der zusätzliche Hinweis, daß die Herrschenden bestimmte Ideologien mit Hilfe ihrer vielfältigen »ideologischen Apparate« verbreiten, gibt schon etwas mehr Aufschluß. In der Tat können solche Ideologien, sie mögen noch so genial ausgedacht sein, keine Massenwirksamkeit erzielen, wenn sie nicht an die Massen vermittelt werden: durch Presse, Rundfunk und Fernsehen, durch Schulen, Universitäten und Kirchen. Auch die kommerzielle Werbung ist durchdrungen von solchen Ideologien. (So preist die Firma BMW ihre Autos an mit dem Spruch »Für Männer, die sich durchsetzen«. Und die Fahrweise vieler BMW-Fahrer zeigt, daß der Appell zündet.) Die Propagierung ist also sicherlich eine *notwendige* Bedingung für Massenwirksamkeit solcher Ideologien, aber eine *ausreichende* ist es nicht.

Tatsächlich werden Ideologien nur dann von größeren Menschenmassen angenommen, wenn sie ein Mindestmaß an Glaubwürdigkeit aufweisen, wenn es also den Anschein hat, daß sie mit der Wirklichkeit, mit den eigenen Erfahrungen übereinstimmen. Will man also die Massenwirksamkeit von Nationalismus, Sozialdarwinismus und Rassismus erklären, so muß man sich ansehen, wie die Wirklichkeit in der gegebenen Gesellschaft beschaffen ist, welche elementaren Erfahrungen die Menschen in dieser Gesellschaft machen, in welchem Sinne diese Ideologien wirklich vorhandene Probleme und Bedürfnisse aufgreifen und – scheinbar – eine Antwort, eine Lösung anbieten.

b. Ideologie und Erfahrung

Es sind vor allem zwei Grunderfahrungen, die große Menschenmassen in der bürgerlichen Gesellschaft machen. Da ist einmal die *Erfahrung elementarer Unsicherheit:* Es ist für den Arbeiter und Angestellten ungewiß, ob er seinen Arbeitsplatz behalten wird. Es ist aber auch für den kleinen Ladenbesitzer, den kleinen Unternehmer und den Landwirt ungewiß, ob er seine Existenzgrundlage, seine ökonomische Selbständigkeit wird bewahren können. Und selbst der größere Unternehmer kann keineswegs sicher sein, daß er im Konkurrenzkampf nicht auf der Strecke bleibt. Diese elementare Unsicherheit der sozialen Existenz, die Ungewißheit, was die Zukunft bringen wird, legt den Individuen dringend nahe, energisch ihre Ellenbogen zu gebrauchen, um nicht unter die Räder zu kommen. Sie legt ihnen also nahe, sich egoistisch zu verhalten und, wenn es sein muß, auch Brutalität nicht zu scheuen, um im Lebenskampf sich durchsetzen zu können.

Von solchen Erfahrungen aus erscheint eine Weltanschauung glaubwürdig, die den Kampf ums Dasein als grundlegend und als naturgegeben proklamiert und Egoismus als einzige realistische Haltung. Und beweist die Alltagserfahrung nicht tatsächlich, daß der Stärkere sich durchsetzt und der Schwächere auf der Strecke bleibt? Ist dann nicht tatsächlich das »Recht des Stärkeren« die einzig wirklich gültige Regel und alles andere »Humanitätsduselei«, wie der Faschismus dann verkündete?

Die zweite Grunderfahrung großer Menschenmassen in dieser Gesellschaft besteht darin, daß sie ihre eigenen Lebensbedingungen nicht unter Kontrolle haben, daß ihnen ihr *Leben* weithin widerfährt *wie ein Schicksalsereignis.* Besonders jene Prozesse, die den Gang der Gesellschaft im ganzen bestimmen und tief eingreifen in das Leben der Individuen, erscheinen ihnen wie von einer fremden, unbegreiflichen Macht gesteuert: Ob Vollbeschäftigung oder Arbeitslosigkeit, ob Krieg oder Frieden – sie sind nicht erkennbar als Resultat ihres eigenen Wollens und Handelns.

So kann eine Ideologie gedeihen, die lehrt, daß der Lauf der Geschichte tatsächlich von »höheren Mächten« – sei es Gott oder der König, seien es »Führer« oder »große Männer« – gelenkt wird und daß dem Volk eben wirklich nichts anderes übrig bleibt, als auf »Rettung von oben« zu hoffen. Und wenn überhaupt eigene Aktivitäten gefordert werden, dann nur zu dem Zweck, dem Führer, der allein den rechten Weg weiß, zu helfen.

Diese Grundelemente reaktionärer und faschistischer Ideologie werden also nicht etwa von Ideologieproduzenten am Schreibtisch erfunden, sondern sie werden erzeugt von der alltäglichen Praxis in dieser Gesellschaft. Gefördert durch Alltagserfahrung, entwickeln sie aus sich heraus die Tendenz, das Denken vieler Menschen zu prägen und zur vorherrschenden Weltanschauung zu werden. Sicherlich werden die Elemente dieser Weltanschauung von bürgerlichen Parteien aufgenommen, ideologisch zusammengefaßt und politisch genutzt. Aber es ist – auch für Gegenstrategien – wichtig zu erkennen, daß sie nicht einfach auf Manipulation beruhen, sondern von der Wirklichkeit dieser Gesellschaft alltäglich produziert werden.

c. Gegenmacht

Diese Tendenz zur vorherrschenden Weltanschauung kann nur dann eingedämmt werden, wenn es sowohl sozial wie auch geistig starke Gegenpositionen gibt. Als *soziale Gegenmacht* wirken diese dann, wenn sie erfahrbar machen, daß Solidarität nicht nur als Idee, sondern real existiert, daß sie auch etwas nützt, d. h. in die Wirklichkeit gestaltend einzugreifen vermag. Und als *geistige Gegenmacht* machen sie die soziale Wirklichkeit durchschaubar, legen offen, daß die sozialen Verhältnisse nicht unabänderlich sind, kein Naturereignis und auch kein unbegreifliches Schicksalsereignis, sondern von Menschen gemacht, die »Name, Anschrift und Gesicht« haben, wie Brecht sagte; daß sie von Kräften bestimmt werden, die angebbare soziale Interessen vertreten, und daß man in diesen Prozeß eingreifen kann. Es ist klar, daß sich nur im Zusammenwirken beider Momente Gegenmacht entfalten kann, denn erfolgreiches Handeln setzt Kenntnisse über die Realität, setzt »Durchblick« voraus, der seinerseits auf Erfahrungen (eigenen und anderen) beruht und ständig neue Erfahrungen verarbeiten muß.

Das Bild der Gegenmacht verdichtet Brecht in der Gestalt des »Revolutionärs«. Von ihm heißt es:

»Er organisiert seinen Kampf
Um den Lohngroschen, um das Teewasser

Und um die Macht im Staat.
Er fragt das Eigentum:
Woher kommst Du?
Er fragt die Ansichten:
Wem nützt ihr?

Wo immer geschwiegen wird
Dort wird er sprechen
Und wo Unterdrückung herrscht und von Schicksal
die Rede ist
Wird er die Namen nennen.«

Auch diese Weltanschauung ist nicht am Schreibtisch ausgedacht, sondern entspringt der Realität selbst. Denn selbstverständlich sind im Alltag nicht nur Konkurrenz und Egoismus erfahrbar, sondern auch Solidarität. Es war ja diese elementare Erfahrung, die die abhängig Arbeitenden im 19. Jahrhundert dazu gebracht hat, sich zu organisieren, ihre Interessen kollektiv zu vertreten. Gerade die vordringlichste Aufgabe, die der Arbeiterbewegung sich stellte, bestand zunächst darin, die verheerende Wirkung des Konkurrenzkampfes einzudämmen, der ja auch zwischen den abhängig Arbeitenden selbst bestand; darüber hinaus aber darin, für eine Gesellschaftsordnung zu kämpfen, in dem überhaupt der wölfische Konkurrenzkampf durch Kooperation und Solidarität abgelöst sein sollte.

d. Das Bedürfnis nach Sicherheit und Gemeinschaft: Die linke und die rechte Lösung

Gerade weil nun Konkurrenzkampf und Egoismus tagtäglich für große Menschenmassen erfahrbar sind, entwickelt sich um so stärker das Bedürfnis, in Sicherheit zu leben, Gemeinschaft zu erfahren und auf die Zukunft vertrauen zu können. Von alters überlieferte Formen wie die Großfamilie und die Dorfgemeinschaft wirkten der verheerenden Erfahrung des Kapitalismus, daß die gesamte Gesellschaft nur aus atomisierten egoistischen Individuen besteht und daß jeder ständig damit rechnen muß, daß ihm die anderen an die Kehle wollen, noch eine Zeitlang entgegen. Aber diese Gemeinschaften sind im Zerfall begriffen – eben durch den Kapitalismus, der alle Poren der Gesellschaft mit dem Geist des Konkurrenzkampfes durchdringt. Jede Ideologie, die Massenwirksamkeit erreichen will, muß also auf dieses Bedürfnis eine Antwort geben. Sie muß angeben, woher die Unsicherheiten und Bedrohungen kommen und wie Sicherheit und Gemeinschaft zu erlangen sind.

Die Antwort der Linken, formuliert schon von den frühen Sozialisten des vorigen Jahrhunderts, lautet: Wirkliche Gemeinschaft und soziale Sicherheit kann es erst dann geben, wenn die Spaltung der Gesellschaft zwischen Kapital und Arbeit aufgehoben ist; wenn alle Mitglieder der Gesellschaft durch das gleiche Prinzip, das der Arbeit, vereinigt sind und eine Klasse, die fremde Arbeit kauft und ausbeutet, nicht mehr existiert; wenn also das Prinzip der Demokratie, der Selbstbestimmung, alle Bereiche des gesellschaftlichen Lebens prägt und wenn alle Mitglieder der

Gesellschaft gemeinschaftlich ihre Lebensbedingungen und ihre Zukunft gestalten. Dies wäre also eine Gesellschaft, in der, wie Marx sagte, die freie Entfaltung jedes einzelnen die Bedingung für die freie Entfaltung aller ist. Der Mensch wäre dann nicht mehr der Wolf des Menschen, sondern der Bruder und die Schwester, der Genosse und die Genossin.

Will nun die Rechte solche Lösungen abwehren und doch zugleich eine Antwort geben auf das Bedürfnis nach Gemeinschaft, nach einem Dasein in Sicherheit und in Würde, so gibt es nur einen Weg: Wenn Gemeinschaft nicht durch *gesellschaftliche* Gemeinsamkeit auf der Basis gemeinsamer Grundinteressen konstituiert werden soll, so bleibt nur die Behauptung, sie werde durch *natürliche* Gegebenheiten hergestellt: durch gemeinsame Abstammung, durch Blutsverwandtschaft, also durch Biologie. Die wirkliche Gemeinschaft ist dann die des Volkes, der Nation, der Rasse, die von »Blut und Boden«. Das Volk, die Nation, die Rasse ist dann also die von Natur aus gegebene »Lebens- und Schicksalsgemeinschaft« und – da das Leben nun einmal ein ständiger Kampf ums Dasein ist – auch »Kampfgemeinschaft«. Und Geschichte ist nichts anderes als der ewige Kampf der Völker und Rassen.

Auch diese Ideologie kann an Erfahrungen appellieren, die dem Alltag entspringen. Beweist nicht schon die Familie die sicherheitsstiftende Potenz einer naturwüchsigen Gemeinschaft? Und sind Staat und Nation nicht eine große Familie? Bilden »die Deutschen«, »die Franzosen« nicht wirklich eine Gemeinschaft, sind sie nicht durch gemeinsame Sprache, gemeinsamen Lebensraum, gemeinsamen Staat, gemeinsame Gewohnheiten vereinigt? Führen die Völker und Nationen nicht tatsächlich immer wieder Kriege gegeneinander? Sieht man den Rassen nicht wirklich ihre Unterschiedlichkeit auf den ersten Blick an? Freilich: Innerhalb der eigenen Nation gibt es durchaus nicht nur Harmonien, sondern auch Klüfte, Diskrepanzen und Konflikte. Sie sind aber für dieses Weltbild eigentlich unnatürlich, von Feinden der Gemeinschaft von außen hineingetragen. Dafür müssen dann Schuldige benannt werden. Und das sind vorab diejenigen, die die bestehende Ordnung nicht als von Natur aus gegeben und unabänderlich akzeptieren wollen, sondern von *sozialen* Gegensätzen reden und die Einheit der Nation durch »Klassenkampf« zerreißen. Es ist aber von der Logik dieser Ideologie, die die Gemeinschaftlichkeit durch naturgegebene Faktoren begründet, auch konsequent, wenn diejenigen, die nicht von Natur aus »zu uns« gehören, dann auch aus der Gemeinschaft hinausdefiniert werden: Die »undeutschen« Elemente sind dann eben nicht nur Menschen, die eine andere Sprache sprechen oder andere Kulturtraditionen repräsentieren, sondern sie sind gefährliche Fremdkörper in einem »Organismus«, im »Volkskörper«, und notfalls müssen sie – wie Bazillen oder Eiterbeulen – eliminiert werden.

Diese geistige Auseinandersetzung darüber, wie die Wirklichkeit aufzufassen ist, wie die Alltagserfahrungen zu interpretieren sind, findet tagtäglich statt – und nicht nur in Perioden sozialer Krisen, sondern auch in »Normalperioden«. Und diejenigen Deutungsmuster, denen es gelingt, zu den vorherrschenden in einer Gesellschaft zu werden, haben die Aussicht, dann auch in Krisenperioden, in denen große Menschenmassen in Bewegung geraten, die politischen Auseinandersetzungen zu prägen.

Beide Seiten suchen selbstverständlich auch den Beistand der Wissenschaft in Anspruch zu nehmen. Die Ideologie der Rechten greift dabei, da sie Gesellschaft als ein Stück Natur präsentiert, vor allem auf die Biologie und die Verhaltensforschung zurück und schließt aus den angeborenen und durch das Erbmaterial fixierten Eigenschaften und Verhaltensformen der Tierwelt auf die Notwendigkeit bestimmter menschlicher Verhaltensformen und gesellschaftlicher Strukturen. Die Naturnotwendigkeit von Oben und Unten kann daraus ebenso abgeleitet werden wie die von Kriegen und vom Recht der Stärkeren. Von den Rassenlehren des 19. Jahrhunderts über die Ideologie und Praxis des Faschismus zieht sich hier eine Linie bis zur Neuen Rechten der 80er Jahre: Diese Weltanschauung rechter Intellektueller begründet die alte These vom ewigen Kampf der Völker und Rassen nun durch die Behauptung, es gebe einen Territorialtrieb, einen Dominanztrieb und einen Aggressionstrieb, und diese seien den Menschen ebenso angeboren wie den Tieren.[3]

C. Bürgerliche Parteien und extreme Rechte

1. Faschismus als Radikalisierung bürgerlicher Ideologieelemente

Die hier skizzierten Grundelemente rechter Ideologie gehen auch ein in die Weltanschauung und Programmatik bürgerlicher Parteien. Die These vom Konkurrenzkampf als Motor des gesellschaftlichen und ökonomischen Fortschritts und als Inbegriff von Freiheit und Individualität bildet geradezu den Kern der liberalen Weltanschauung. Für die Konservativen andererseits steht die These von der organischen Zusammengehörigkeit aller, von »Volksgemeinschaft« und »Betriebsgemeinschaft«, segensreich geordnet und geschützt von einer starken Staatsgewalt, im Zentrum. Und beiden gemeinsam ist die Vorstellung, daß es von Natur aus Führende und Geführte gibt und daß eine Elite das Sagen haben muß – sei es eine »Leistungselite« (so die liberale Variante), sei es eine durch Geschichte und Tradition legitimierte Elite (so die konservative Variante).

Der Faschismus und die extreme Rechte generell zeichnen sich nun dadurch aus, daß sie die reaktionären, antidemokratischen, sozialdarwinistischen und imperialistischen Elemente der bürgerlichen Ideologie aufgreifen, verabsolutieren und ihre rücksichtslose Durchsetzung verlangen, sie also sozusagen beim Wort nehmen. Das gilt auch für die NSDAP, die ohne Zweifel die bisher extremste Ausprägung des Faschismus darstellt. Keines ihrer ideologischen Elemente wurde von ihr selbst geschaffen. Ob man Militarismus oder Autoritarismus, völkisches Denken oder Rassismus (samt Judenhaß), militanten Antikommunismus oder Nationalismus betrachtet – alle diese Ideologieelemente waren bereits entwickelt worden in der deutschen Gesellschaft des Kaiserreichs, insbesondere im Zusammenhang mit der Unterdrükkung der Arbeiterbewegung im Innern und der Weltmachtpolitik nach außen. Hitler selbst berichtet in »Mein Kampf« sehr anschaulich, wie er diese Ideologien aufgesogen und zu seiner eigenen »fanatischen« Weltanschauung gemacht hat.

Aber diese Elemente bürgerlicher Ideologie werden nicht nur aufgegriffen, sondern auch radikalisiert und verabsolutiert. Bei den bürgerlichen Parteien sind sie nicht absolut gesetzt, sondern vermischt mit Elementen parlamentarisch-liberalen oder konservativ-humanistischen Denkens – und damit natürlich auch relativiert. Der Faschismus aber setzt sie absolut, führt sie zu ihren extremen Konsequenzen und »säubert« sie von ihren liberalen und humanistischen Beimischungen. So führte Adolf Hitler in seiner Rede vor dem Düsseldorfer Industrieclub am 27. Januar 1932 zur Beziehung von »Persönlichkeitswert« und »Demokratie« folgendes aus:

»Das Privateigentum ist nur dann moralisch und ethisch zu rechtfertigen, wenn ich annehme, daß die Leistungen der Menschen verschieden sind. [...] Dies zugegeben ist es jedoch Wahnsinn zu sagen: Auf wirtschaftlichem Gebiete sind unbedingt Wertunterschiede vorhanden, auf politischem Gebiete aber nicht! Es ist ein Widersinn, wirtschaftlich das Leben auf dem Gedanken der Leistung, des Persönlichkeitswertes, damit praktisch auf der Autorität der Persönlichkeit aufzubauen, politisch aber diese Autorität der Persönlichkeit zu leugnen und das Gesetz der größeren Zahl, die Demokratie, an dessen Stelle zu schieben. [...] Der politischen Demokratie analog ist auf wirtschaftlichem Gebiet aber der Kommunismus. [...] Ich kann die wirtschaftlich bevorzugte Herrenstellung der weißen Rasse der übrigen Welt gegenüber aber gar nicht verstehen, wenn ich sie nicht in engstem Zusammenhang bringe mit einer politischen Herrenauffassung [...].«[4]

Also: Wer die politische Demokratie akzeptiert, muß damit rechnen, daß dann auch die Demokratie im Betrieb und im Wirtschaftsleben verlangt wird. Wer aber mit Berufung auf die unterschiedliche Leistungsfähigkeit der Menschen die Autorität des Unternehmers und das Privateigentum an dem Produktionsmittel behauptet, der muß auch die politische Demokratie abschaffen. Und diese »Herrenauffassung« muß auch für die Beziehung zwischen den Völkern gelten. Man wird dieser Argumentation eine gewisse Logik nicht abstreiten können - wenn man ihre Voraussetzungen, die These von naturgegebenen Unterschieden in der Leistungsfähigkeit und die These vom Daseinskampf erst einmal akzeptiert hat. Die Unternehmer klatschten Beifall. Sie sahen sich in ihrem Weltbild offensichtlich bestätigt.

2. Der Faschismus als praktische Durchsetzung bürgerlicher Ideologieelemente

Der Faschismus bedeutet nicht nur eine Radikalisierung bürgerlicher Ideologie. Er verlangt vor allem, daß die reaktionären, nationalistischen und rassistischen Prinzipien auch wirklich durchgesetzt werden - und zwar »rücksichtslos«. Mit dieser Lieblingsvokabel Adolf Hitlers war gemeint: ohne Rücksicht auf Grundsätze der Humanität, auf Rechtsnormen, auf Menschenleben. So wurde das Prinzip der Autorität in Wirtschaft und Staat eben nicht nur dadurch verwirklicht, daß die Arbeiterparteien und Gewerkschaften verboten, daß jeder Ansatz demokratischer Mitbestimmung in Staat und Wirtschaft vernichtet wurde; sondern auch dadurch, daß Zehntausende aus der Arbeiterbewegung in die Zuchthäuser und Konzentrationslager geworfen und Tausende ermordet wurden. Die Art und Weise, wie die für den Lebenskampf angeblich nicht genügend Starken ausgerottet und die »minderwertigen« Völker im Osten unterjocht und dezimiert worden sind, zeigte dann vollends die mörderischen Konsequenzen, zu denen eine solche Ideologie gelangen kann.

3. Bilanz

Der Faschismus bedeutet also durchaus eine neue Qualität gegenüber bürgerlicher Ideologie und Politik, obwohl er alle wesentlichen Elemente bereits vorfindet. Er bedeutet die radikale Negation jeglicher Humanität. Deshalb kann es für Demokraten mit faschistischen Parteien auch keinerlei Paktieren, keinerlei Zusammenarbeit geben, sondern nur den entschiedenen Kampf gegen sie. Andererseits ist festzustellen, daß bestimmte bürgerliche Kräfte im Faschismus durchaus ein Stück ihres eigenen Denkens und ihres eigenen politischen Wesens wiedererkennen. Nur von hier aus ist es zu erklären, daß beträchtliche Teile der bürgerlichen Klasse mit dem Faschismus gemeinsame Sache gemacht haben. Das gilt für Wirtschaft, Militär und hohe Beamtenschaft ebenso wie für Kirchen und Universitäten. Und auch in den bürgerlichen Parteien entwickelte sich eine beträchtliche Bereitschaft zur politischen Zusammenarbeit mit der faschistischen Partei. Dies alles gilt für den italienischen Faschismus ebenso wie für den deutschen, für den spanischen und japanischen ebenso wie für den in Chile. In einer Reihe von Ländern – gerade auch in Italien und Deutschland – ging die faschistische Diktatur direkt hervor aus einer Koalitionsregierung von Faschisten und bürgerlichen Parteien. Maßgebliche bürgerliche Kräfte erkannten durchaus realistisch, daß mit Hilfe des Faschismus das Prinzip von Befehl und Gehorsam in Staat und Wirtschaft besonders konsequent durchgesetzt, daß der soziale Gegner, die organisierte Klasse der abhängig Arbeitenden, damit besonders energisch bekämpft und daß die Konzentration aller Kräfte der Nation auf die Expansion nach außen, auf den Eroberungskrieg, damit besonders wirksam vollzogen werden konnte. Sie wußten, daß der Faschismus Fleisch von ihrem Fleische war, und sie handelten danach.

D. Erfolgsbedingungen

Zwei Fragen ergeben sich aus diesen Zusammenhängen: Welches sind die Bedingungen, die der extremen Rechten *Massenwirksamkeit* bringen können? Und welches sind die Bedingungen, die ihr wohlwollende Förderung oder gar resolute Unterstützung aus den *Führungsschichten* von Wirtschaft, Staat und Militär verschaffen können?

1. Bedingungen für Massenwirksamkeit

Was die erste Frage angeht, so müssen mehrere Bedingungen erfüllt sein.

Wenn gesellschaftliche Entwicklungen eintreten, die bei größeren Bevölkerungsteilen akute *Bedrohungsgefühle* erzeugen, so entsteht verstärkt der Drang zu erfahren, welches die Ursachen, wer die Schuldigen sind und was zu tun ist, um die Bedrohungen aufzuheben. Es muß sich dabei nicht unbedingt um materielle Verelendung handeln. Auch Ängste um den sozialen Status, um die gewohnten Lebensformen, die das Gefühl von Geborgenheit vermittelten, und Bedrohungsängste anderer Art können diesen Drang hervorbringen. Wenn nun, in der Staatsform der parlamentarischen Demokratie, die etablierten Parteien den Eindruck erwecken, daß sie weder willens noch fähig sind, die anstehenden Probleme energisch anzupacken, dann tritt ein Vertrauensverlust ein, und wachsende Teile der beunruhigten Bevölkerung beginnen, nach politischen Alternativen zu suchen.

Diese Suche muß sich keinesfalls notwendigerweise nach rechts wenden. Sie wird sich allerdings dann größtenteils nach rechts wenden, wenn die in einer Gesellschaft vorherrschenden Denkformen seit Jahren oder Jahrzehnten schon von *autoritären*

Denktraditionen, von rechtsgerichteten (nationalistischen, sozialdarwinistischen, militaristischen) Ideologien geprägt worden sind. Es besteht dann eine starke Tendenz, die neuen Probleme und Bedrohungen im Licht dieser in den Köpfen schon verankerten Denkmuster zu interpretieren und also z. B. diejenigen Kräfte für die aktuellen Schwierigkeiten verantwortlich zu machen, die als Feindbilder bereits seit langem fixiert worden sind: Gewerkschaften, »Marxisten«, Juden, »undeutsche Elemente«. Eben dieses Merkmal war in Deutschland wegen dessen obrigkeitsstaatlicher Vergangenheit stärker ausgeprägt als in den anderen westeuropäischen Staaten.

Ob sich die Suche derer, die vom Bedrohungsgefühl ergriffen sind, tatsächlich nach rechts wendet, hängt aber wesentlich auch davon ab, *ob es der Linken gelingt, überzeugende Antworten* auf die drängenden Probleme zu geben und sich zugleich als eine Kraft zu präsentieren, die entschlossen und in der Lage ist, diese Probleme anzupacken und die Zukunft zu gestalten.

Gerade dies aber ist der Linken in Deutschland nach 1930 nicht hinreichend gelungen. Gespalten und untereinander verfeindet, gerieten die Linkskräfte in die Defensive, partiell sogar in die Passivität, so daß sie unfähig waren, sich als jene Kraft darzustellen, die die Zukunft zu gestalten in der Lage war. So wurden gerade auch viele in den Gewerkschaften entmutigt und demobilisiert, und auf die schwankenden Schichten blieb die Arbeiterbewegung ohne Anziehungskraft.

Die sich formierende extreme Rechte aber setzte alles daran, sich als diejenige Kraft darzustellen, die die Schuldigen kannte und den Ausweg auch, und die zugleich entschlossen zuzupakken in der Lage war, kurzum: Es gelang ihr in hohem Maße, sich als die Kraft zu präsentieren, der die Zukunft gehörte, so daß sie sowohl den eigenen Anhang zu ermutigen und die Schwankenden zu gewinnen wie auch die Gegner einzuschüchtern und zu entmutigen vermochte.

Das organisierte *aggressive Auftreten* und die Anwendung *terroristischer Kampfmethoden* gegen den politischen Gegner sind also nicht nur Ausfluß einer menschenverachtenden Weltanschauung und eines systematisch erzeugten Feindbildes, sondern zugleich wesentliche Voraussetzungen des politischen Erfolges. Hier wird nun eine weitere Bedingung für den Aufschwung der extremen Rechten erkennbar: Es ist dies die *Duldung der Aktivitäten* des Faschismus – der ideologischen wie der terroristischen – *durch die Staatsorgane.* Diese reicht eben dann besonders weit, wenn in den führenden Schichten von Justiz, Polizei und Militär beträchtliche Sympathien für die extreme Rechte existieren, wenn man sich deren Ideologie und deren Zielen verbunden fühlt – auch wenn man deren Auftreten vielleicht ein wenig peinlich und ordinär findet. Auch dieses Merkmal war in Deutschland stärker ausgeprägt als in den meisten anderen Staaten Westeuropas, weil der deutsche Staatsapparat vom Obrigkeitsstaat geprägt und auch nach 1918 nicht wirklich umgestaltet worden war. So trugen die Staatsorgane wesentlich dazu bei, daß die »braunen Bataillone« der SA die Säle und die Straßen erobern und die übrige Bevölkerung in Angst und Schrecken versetzen konnten.

Aus dieser Konstellation von Bedingungen, die für die extreme Rechte günstig sind, ergibt sich nun doch eine Eigentümlichkeit, die die extreme Rechte von den etablierten bürgerlichen Parteien auch ideologisch unterscheidet: Gerade weil sie Bedrohungsgefühle solcher Schichten ausdrückt und mobilisiert, die nicht zu den herrschenden und besitzenden Klassen gehören, muß sie sich als die Interessenvertretung des »kleinen Mannes« präsentieren, muß sie sich ein *sozial rebellisches*, womöglich sogar sozialrevolutionäres, »sozialistisches«, jedenfalls ein populistisches *Aussehen* geben, muß sie wettern gegen »die da oben« und gegen die »Bonzen«, muß sie alle anderen politischen Kräfte, wenn möglich auch die Gewerkschaften, als die Knechte der Besitzenden und Herrschenden »entlarven«. Dieses »rebellische« Element kommt vielfach über den reaktionären Rebellionsgeist, der an Stammtischen herrscht und der nach brutalem und rücksichtslosem Durchgreifen schreit, nicht hinaus; es kann aber auch wirkliches Aufbegehren gegen die Besitzenden und Herrschenden ausdrücken und für die faschistische Partei mobilisieren.

Zu diesem rebellisch-populistischen Image gehört auch der *Führertyp*: Der faschistische Führer ist kein Bankier und kein

Akademiker, sondern ein »Mann aus dem Volk«; er spricht und denkt wie solche aus dem »einfachen Volk«, derb und deftig, und, wenn nötig, haut er auch energisch auf den Tisch. Auch dieser Führertyp unterstützt den Anspruch des Faschismus, eine radikale volkstümliche Alternative zum Bestehenden zu sein. Dies gilt für Mussolini wie für Hitler und für Le Pen; es gilt übrigens auch für Schönhuber, die Führerfigur der »Republikaner«.

Solche Bedingungen waren in *Deutschland zu Beginn der 30er Jahre* herangewachsen: Die große Wirtschaftskrise versetzte Millionenmassen in Unruhe und Angst, zerstörte ihr Vertrauen zu den etablierten Parteien und zur parlamentarischen Demokratie und trieb sie zur Suche nach einer radikalen Alternative. Die lange und intensive Prägung besonders der bürgerlichen Schichten durch autoritäre, nationalistische und imperialistische Ideologie, die auch durch die auf halbem Wege steckengebliebene Revolution von 1918 nicht grundsätzlich unterbrochen werden konnte, drängte die Suchenden stark nach rechts. Und Richter und Polizeipräsidenten, Reichswehrführung und maßgebliche Wirtschaftsführer, Kirchenleute und Professoren sahen in der NSDAP einen wertvollen Bundesgenossen im Kampf gegen die Arbeiterbewegung und die lästige Demokratie.

Wie konsequent eine solche Konstellation ausgenutzt und auch die soziale Demagogie entfaltet werden kann, hat die NSDAP sehr eindrucksvoll vorgeführt. Sie hat den von Angst ergriffenen und suchenden Menschenmassen suggeriert, daß sie Sicherheit schaffen könne, ja daß sie geradezu die Sicherheit selbst sei. »Felsenfest« und »unerschütterlich«, so versicherte der »Führer« immer wieder, sei sein Glaube an die große Zukunft der Deutschen und die Erlösung von allem Übel. »Rücksichtslos« und »mit eisernem Besen« werde mit den »Novemberverbrechern« aufgeräumt, »mit Stumpf und Stiel ausgerottet« werde der Marxismus. Sicherlich, es war mehr vom »Glauben« die Rede als vom Begreifen. Aber wer die Schuldigen, die Feinde waren, erschien doch als sonnenklar: Das waren die »Novemberverbrecher«, die das unbesiegte deutsche Heer von hinten erdolcht und das Reich ins Unglück gestürzt hatten. Das war der Haß der Siegermächte und das »Schanddiktat von Versailles«. Das waren die vom Marxismus zerfressenen und von Moskau gesteuerten Kommunisten. Das war die Sozialdemokratie mit ihren Gewerkschaften, ebenfalls vom Marxismus zerfressen und zugleich Handlanger des Kapitals. Und das waren hinter allem die Juden als die Drahtzieher sowohl der Arbeiterbewegung wie des Kapitals, sowohl des Bolschewismus wie der Westmächte, so daß sich die vielen Feinde letzten Endes doch als unterschiedliche Erscheinungsformen ein und desselben Feindes fassen ließen.[5]

Alle diese Motive waren bekannt, waren von Soldatenverbänden und Literaten, von völkischen und nationalistischen Gruppen, aber auch von Regierungsparteien wie den Deutschnationalen und der Deutschen Volkspartei und sogar von den Kirchen seit langem in der Propaganda benutzt worden. Aber der NSDAP gelang es, alle diese Motive zu bündeln und mit neuen, »revolutionären« Propaganda- und Werbemethoden, die der kommerziellen Reklame entlehnt waren, in die Massen zu tragen. Und vor allem gelang es ihr, sich zugleich als einzige konsequente, radikale Kraft auch gegenüber der »gemäßigten Rechten« darzustellen. Auch die »Feigheit des satten Bürgertums«, ihr »Verrat« an der nationalen Sache wurden von ihr an den Pranger gestellt, und sogar von »Revolution« wurde gesprochen – während Hitler und Göring zugleich die Verhandlungen mit führenden Repräsentanten der Großwirtschaft intensivierten und die NSDAP als die einzige Rettung vor der »kommunistischen Gefahr« anpriesen. Diese Doppelgesichtigkeit hat es der NSDAP ermöglicht, ganz unterschiedliche Motive und Hoffnungen zu integrieren – zumindestens bis 1933. Dann machte sie allerdings sehr rasch klar, in wessen Interesse ihre Diktatur die Macht ausübte. Aber dann wirkten andere Momente integrativ: Die Möglichkeiten der allmächtigen »Staatspartei«, Arbeitsplätze, Karrieren und soziale Privilegien zu vermitteln, die Furcht vor dem umfassenden Terror, die »nationalen Erfolge« usw.

2. Sozialstruktur und Massenbasis

a. Allgemeines

Nicht alle sozialen Schichten und politischen Gruppierungen erwiesen sich als gleichermaßen ansprechbar für den Faschismus. Schon die Erfahrungswelten des Industriearbeiters, des Angestellten und des Kleineigentümers unterschieden (und unterscheiden) sich beträchtlich.

Für den *Industriearbeiter* ist am Arbeitsplatz erfahrbar, daß der Unternehmer derjenige ist, gegen den er seine eigenen Interessen durchsetzen muß, und daß dabei kollektives, organisiertes Handeln erforderlich ist. Ob diese Möglichkeit, Solidarität zu erfahren, zur Wirklichkeit wird und ob diese dann das Weltbild des Arbeiters tatsächlich bestimmt, hängt freilich auch davon ab, ob starke und handlungsfähige Interessenorganisationen existieren, in denen die einzelnen sich aufgehoben fühlen können. Und selbstverständlich arbeitet das Kapital ständig daran, die Konkurrenz zwischen den Arbeitern zur bestimmenden Erfahrung zu machen und Gruppen zu schaffen, die gegeneinander auszuspielen sind: männliche gegen weibliche Arbeitskräfte, jüngere gegen ältere, qualifizierte gegen unqualifizierte, norddeutsche gegen süddeutsche, evangelische gegen katholische, deutsche gegen ausländische usw. Auch dieser Kampf um Überwindung der tagtäglich spontan entstehenden Formen von Sonderbewußtsein regionaler, konfessioneller, branchenmäßiger und geschlechtsbezogener Art ist also ein permanenter.[6]

Schon für die *Angestellten* und noch mehr für die *Beamten* ist es strukturell schwerer, Solidarität als das die Berufswelt bestimmende Moment zu erfahren.[7] Sie sind – stärker als Arbeiter – in vielstufige Hierarchien eingeordnet, und ihre berufliche Laufbahn stellt in der Regel ein schrittweises Hochklettern über einige Stufen hin dar. Dabei erleben sie vielfach ihre Arbeitskollegen als Konkurrenten in der Hauptfrage, der Frage der Beförderung, und sie erleben die Vorgesetzten als entscheidende Instanzen, mit denen man gut stehen muß. So ist ihr Blick oft eher nach oben gerichtet und ihr Verhalten eher auf willige Anpassung. Zudem versucht die herrschende Ideologie, beruflichen Aufstieg und soziale Privilegien ausschließlich als Resultat von Leistung und Durchsetzungsvermögen darzustellen – und durchsetzen kann der einzelne sich ja nur gegen die anderen, die Mitbewerber. Und sie versucht zudem, den Angestellten und Beamten einzureden, daß sie etwas besseres seien als die Arbeiter und sich mit diesen nicht gemein machen dürften. Sofern diese Gruppen ein Wir-Gefühl entwickeln, ist es oft eher »ständisch« gerichtet: auf Wahrung der eigenen Gruppen-Privilegien gegenüber den handarbeitenden Massen.

Wenn es jedoch in der gegebenen Gesellschaft starke, handlungsfähige Organisationen mit gewerkschaftlicher Ausrichtung gibt, so können sich auch hier die Akzente wesentlich in Richtung auf Solidarität verschieben, insbesondere dann, wenn die Arbeiterbewegung insgesamt in der Offensive ist und als diejenige Kraft erscheint, die die Zukunft gestaltet. So strömten die Angestellten in den Monaten nach der Novemberrevolution 1918 in großen Massen zu den Gewerkschaften. Erst als die Hoffnungen auf eine grundlegende Umgestaltung der Gesellschaft sich als gescheitert erwiesen, kehrten sie in großer Zahl zu ihren ständischen Organisationen zurück. Gewerkschaftliche Orientierungen können aber auch dann an Boden gewinnen, wenn die Hoffnungen auf Privilegien, auf gesicherte Arbeitsplätze und auf Aufstiegschancen sich als Illusionen erweisen und die Gewerkschaften zugleich als diejenigen in den Blick kommen, die energisch die Interessen der abhängig Beschäftigten wahrnehmen. Doch insgesamt sind die strukturellen und die psychologischen Voraussetzungen für solidarische Denk- und Verhaltensformen schwieriger als bei der industriellen Arbeiterschaft.

Noch schwieriger ist dies bei den *Kleineigentümern* – den kleinen Ladenbesitzern, Handwerkern und Bauern – sowie den *Freien Berufen* – den Rechtsanwälten, Ärzten usw. Für den kleinen Ladenbesitzer ist in der Tat der andere Ladenbesitzer ein Konkurrent und eine Bedrohung, und für den Rechtsanwalt ist die gleiche Erfahrung zunächst einmal bestimmend. Zudem sieht sich der Kleineigentümer, sofern er Arbeitskräfte beschäftigt, im

Gegensatz zu den Gewerkschaften, deren Forderungen er als Bedrohung erlebt. Zwar wird er auch vom großen Kapital bedroht, aber diese Bedrohung vollzieht sich anonym, über die Marktgesetze, während die Forderungen der Gewerkschaften für ihn unmittelbar erfahrbar sind. Und zudem fühlt er sich ja gerade als Eigentümer: Dieser Status garantiert ihm seine soziale Existenz und sein Selbstwertgefühl – und von hier aus kann er vom großen Kapital doch in der Regel integriert werden in die Front aller Besitzenden gegen links.

Werden diese Schichten nun von der Krise und von Bedrohungsgefühlen ergriffen, so ist ihnen schon solidarisches Handeln innerhalb ihrer Schicht als Kleineigentümer kaum möglich – geschweige denn gemeinsames Handeln mit den übrigen sozial bedrohten Schichten, vor allem mit den abhängig Arbeitenden. Statt dessen entringt sich diesen kleinen, miteinander in Konkurrenz liegenden und ihre Schwäche durchaus fühlenden Privateigentümer in der Regel der Schrei nach der Rettung von oben, durch einen starken Staat, durch einen Führer, der alle Bedrohungen beseitigt, vorab die Organisationen der abhängig Arbeitenden, und die Größe der Nation wieder herstellt, mit der man sich identifizieren kann. Gerade weil man die eigene Ohnmacht so eindringlich erfährt und sich so oft ducken muß im Leben, ist das aggressive Gehabe des Faschismus, sein martialisches Gebrüll und sein Versprechen, mit allen Gegnern »rücksichtslos« aufzuräumen, so attraktiv. Das Vertrauen auf die eigene Kraft, das sich in der »Internationale«, einem Lied der Arbeiterbewegung, ausdrückt: »Es rettet uns keine höh'res Wesen, kein Gott, kein Kaiser, noch Tribun. Uns aus dem Elend zu erlösen, können wir nur selber tun«, liegt diesen Schichten fern. Sie neigen eher dazu, ihre Hoffnung genau auf diese Rettung von oben zu setzen. Und nachdem die Religion ihre Integrationskraft weitgehend eingebüßt hatte, hieß das eben: die Rettung durch einen allmächtigen Staat und einen allmächtigen Führer.

b. Die Wählerbasis der NSDAP[8]

Von hier aus ist leicht zu verstehen, daß die NSDAP bei der organisierten Arbeiterschaft kaum Resonanz erzielte. Zwar konnte die NSDAP Arbeiter gewinnen, die auch schon vorher nicht an die Organisationen der Arbeiterbewegung gebunden waren. Aber der Block der Arbeiterparteien blieb insgesamt stabil. Der Drang nach einer Alternative drückte sich hier in einer Wählerbewegung von der SPD zur KPD aus.

Ebenso stabil blieb der Block der katholischen Parteien. Auch diese Parteien behielten die Fähigkeit zur Integration ihrer Wähler. Man könnte auch sagen: sie konnten weiterhin jene Wähler binden, die eine Rettung nach wie vor von einem höheren Wesen erwarteten. Denn eine antifaschistische Position dieser Parteien drückte sich darin nicht aus. Auch sie bemühten sich (schon seit 1931) um eine Koalition mit der NSDAP. Und die katholische Kirche selbst verschaffte dann im Juli 1933 der bluttriefenden faschistischen Diktatur durch den Konkordatsvertrag jenes internationale Ansehen, das diese zu ihrer Konsolidierung so dringend benötigte. (Die gleiche Haltung gegenüber dem Faschismus legte die katholische Kirche in Italien, Spanien, Kroatien und der Slowakei an den Tag. Und als Begründung wurde vielfach angegeben: die gemeinsame Frontstellung gegen Liberalismus und Kommunismus und der gleiche »Wert und Sinn der Autorität«, wie die deutschen Bischöfe in ihrem Hirtenbrief vom 8. Juni 1933 ihren Gläubigen verkündeten.)

Während also die Wähler der Arbeiterparteien und der katholischen Parteien (aus sehr unterschiedlichen Gründen) resistent blieben, liefen die Wähler der liberalen und der konservativen, der bäuerlichen und der mittelständischen Parteien in großen Massen zur NSDAP; und ebenso die bisherigen Nichtwähler, die Unpolitischen, die nun in der Krise ebenfalls in Bewegung gerieten und mangels jeglicher politischer Erfahrungen und Kenntnisse natürlich der extremen Rechten in die Hände fallen mußten. In der folgenden Tabelle über die Reichstagswahlen drückt diese Wählerbewegung sich anschaulich aus:

Parteien	1928		Juli 1932	
	Mill.	%	Mill.	%
Arbeiterparteien (SPD und KPD)	12,4	40,4	13,2	36,2
Katholische Parteien (Zentrum und BVP)	4,7	15,2	5,8	15,7
Liberale und konservative, bäuerliche und mittelständische Parteien	11,9	38,7	3,5	9,6
NSDAP	0,8	2,6	13,7	37,4

Eine besondere Faszination übte der Faschismus auf die männlichen Jugendlichen aus: Der Aktivismus, das kämpferische Auftreten, der Kult der Männlichkeit, die Verklärung soldatischer Tugenden, die scheinbar klaren und eindeutigen Antworten und Feindbilder, der Appell an Opferbereitschaft und Idealismus – all das stand in grellem Gegensatz zu der grauen Republik, der Trostlosigkeit des realen Daseins, dem platten »Materialismus« der bürgerlichen Parteien und der »langweiligen« Sozialdemokratie. Gerade mit der Vision einer helleren, nicht allein vom Geld bestimmten und überhaupt ganz anderen Zukunft konnte der Faschismus manche der Hoffnungen auf sich ziehen, die bis dahin die Arbeiterbewegung repräsentiert hatte.

3. Großwirtschaft, Militär und Staatsapparat

Die grundsätzliche Geneigtheit der herrschenden Kräfte der Gesellschaft zu Ideologie und Politik der extremen Rechten ist in den vorhergehenden Kapiteln schon begründet worden. Bis 1918 hatten diese Kräfte in Deutschland ja ohnehin über einen autoritären Staat verfügt, mit dessen Hilfe sie ihre Hauptinteressen nach innen (Niederhaltung der arbeitenden Bevölkerung) und nach außen (militärisch abgestützte Expansionspolitik) hatten durchsetzen können. Zur Niederwerfung der Revolutionsbewegung 1918 bis 1923 hatten sie die extreme Rechte dann freilich dringend benötigt und deshalb die Freikorps und Wehrverbände, die nationalistischen Parteien und Terrorbanden auch mit organisiert und finanziert. (Aus diesem Milieu gingen auch die NSDAP und die SA hervor.) Nach der Stabilisierung der kapitalistischen Eigentumsverhältnisse und der parlamentarischen Demokratie 1923/24 aber stellte sich die Frage neu, ob man eher auf bürgerlich-parlamentarische Kräfte oder eher auf rechtsextreme setzen sollte. Und hier gab es natürlich auch interne Interessen- und Meinungsdifferenzen. Für diese Kräfte wurde die Frage, für welche Staatsform sie sich einsetzten und mit welchen politischen Kräften sie kooperierten, niemals grundsätzlich, sozusagen dogmatisch, sondern immer taktisch, pragmatisch entschieden. Ob sie für Integration oder Unterdrückung der Gewerkschaften, ob sie für Parlamentarismus oder Faschismus votierten, hing immer von den konkreten Bedingungen und Möglichkeiten ab.

Bis 1928/29 dominierte die parlamentarische Option. Aber seit 1930, angesichts von Wirtschaftskrise und Zerfall der bürgerlichen Parteien, angesichts der anwachsenden Aktivitäten der Massen und der erhöhten Chancen, die Bedrohungsgefühle der Massen nach rechts zu lenken, votierten sie immer energischer für eine Diktatur. Denn nun zeichnete sich die Möglichkeit ab, die lästigen Fesseln der demokratischen Verfassung und der gewerkschaftlichen Gegenmacht, der Rüstungsbeschränkungen und des Versailler Vertrages abzuschütteln. Reichswehrminister Groener verpflichtete sich bereits im Januar 1932, Hitlers »Absichten zum Guten des Reiches fördern zu helfen«, und den Ländern gegenüber stellt er klar: »Nur Auswüchse dürfen bekämpft werden, nicht die Bewegung als solche«.[9] Gustav Krupp von Bohlen und Halbach schrieb im Namen des Reichsverbandes der Deutschen Industrie am 24. März 1933 an Adolf Hitler: »Die deutsche Industrie [...] wird alles tun, um der Reichsregierung bei ihrem schweren Werke zu helfen.«[10] An der Regierung der »Nationalen Konzentration« vom 30. Januar 1933 waren denn neben Vertretern der NSDAP-Führung auch die Deutschnationalen, die Reichswehr und die Großwirtschaft maßgeblich beteiligt.

4. Der Faschismus an der Macht

Wozu die faschistische Diktatur geschaffen worden war, erwies sich sehr rasch. Und diese Substanz des Faschismus war in Deutschland keine andere als in Italien, Japan oder Spanien – oder später in Chile oder der Türkei. Wo immer der Faschismus an die Macht kommt, vernichtet er mit den Mitteln des Terrors jede Möglichkeit der arbeitenden Bevölkerung, ihre Interessen organisiert auszudrücken und zu vertreten. Das ist der soziale Kern des Faschismus – gleich, mit welchen »nationalen«, politischen und ideologischen Eigentümlichkeiten er im übrigen auftritt.

Konkret heißt das: Vernichtet wird die Arbeiterbewegung als soziale Kraft und die Demokratie als politische Form. Terroristisch zerschlagen werden alle eigenständigen Organisationen der Arbeiterbewegung. In den Betrieben werden die abhängig Arbeitenden der Diktaturgewalt des Unternehmers unterworfen. Dieser wird zum »Führer des Betriebes« ernannt, der »in allen betrieblichen Angelegenheiten« die Entscheidungsgewalt besitzt (so das »Gesetz zur Ordnung der nationalen Arbeit« vom 20. Januar 1934 oder in Italien die »carta del lavoro«). Jeder Versuch, Interessen der Arbeiter und Angestellten organisiert zu vertreten, gilt als Staatsverbrechen und wird entsprechend behandelt.

Ideologisch wurde diese Politik angekündigt und vollzogen mit den Formeln: »Herstellung der Betriebsgemeinschaft«, »Sicherung des Betriebsfriedens«, »Verwirklichung der Volksgemeinschaft«, »Beendigung des Klassenkampfes«, »Sieg des Gemeinwohls«. Alle diese Formeln waren von den bürgerlichen Kräften bis weit in die politische Mitte hinein seit langem propagiert worden. Der Faschismus zog auch in dieser Hinsicht die radikalen und terroristischen Konsequenzen aus der bürgerlichen Ideologie und Politik.

Die Folgen sind bekannt: Nach der Zerschlagung der Arbeiterbewegung und der Demokratie war es möglich, die Arbeits- und Lebensbedingungen insgesamt so zu formen, wie es die Herrschenden wünschten: die Arbeitsdisziplin in den Betrieben entsprechend zu gestalten, die Frauen zu entmündigen und auf ihre Funktion als Gebärmaschinen zu reduzieren, »lebensunwertes Leben« zu vernichten, die Verfolgung und Ermordung der Juden in Angriff zu nehmen und vor allem: die gesamten ökonomischen und ideologischen Kräfte der Nation auf den großen Eroberungs- und Vernichtungskrieg zu konzentrieren, der endlich billige Arbeitskräfte, Rohstoffe und Absatzmärkte im Überfluß für das Kapital beschaffen sollte. Mit Ausnahme der Judenvernichtung gilt dies alles auch für den japanischen und den italienischen Faschismus, also für den Faschismus in den Ländern, die stark genug waren, einen eigenen Imperialismus zu realisieren.

Wenn also auch in der Gegenwart wieder vom »Gemeinwohl« die Rede ist, das gegen »Interessenorganisationen« (womit allemal die der abhängig Arbeitenden gemeint sind) durchgesetzt werden müsse; wenn vom »Arbeitsfrieden« und von der »Betriebsgemeinschaft« die Rede ist, die es durchzusetzen gelte gegen die Kräfte, die »Klassenkampf« betreiben, und wenn als das Organ solcher Durchsetzung die Staatsgewalt angepriesen wird (solche Forderungen werden z. B. von den »Republikanern« nun wieder erhoben), so sollte man angesichts dieser historischen Erfahrungen doch stutzig werden.

Der Faschismus bedeutet also eine Radikalisierung und Totalisierung einer Tendenz, die in der Grundstruktur der kapitalistischen Gesellschaft angelegt ist: des Sozialdarwinismus, des »Kampfes ums Dasein«, des »Rechts des Stärkeren«. Dies gilt auch für eine zweite Grundtendenz des Kapitalismus: für das Kosten-Nutzen-Prinzip und das der Verwertung nicht nur im Umgang mit Naturressourcen, sondern auch im Umgang mit Menschen. Der Kapitalismus hat diese Prinzipien von Anfang an praktiziert – sowohl gegenüber der arbeitenden Bevölkerung im eigenen Land wie auch gegenüber den unterworfenen Völkern in den Kolonien. Erst die wachsende Gegenmacht der Arbeiterbewegung (und der nationalen Befreiungsbewegungen) konnte einige Härten beseitigen, ohne die Prinzipien als solche abschaffen zu können. Der Faschismus stellt nun diejenige Bewegung und Herrschaftsform dar, die auf totale Durchsetzung dieser Kosten-Nutzen-Maxime zielt. Sowohl in der Behandlung von Schwachen, Arbeitsunfähigen und »lebensunwertem Leben« im eigenen Land wie auch in der absolut rücksichtslosen Verwertung der Millionen von ausländischen Zwangsarbeitern durch die deutsche Wirtschaft kommt diese Maxime zur Geltung. Und in der Verwertung auch noch der Reste der massenhaft Ermordeten – ihrer Haare, ihrer Goldzähne usw. – erreicht diese Maxime ihre äußerste Konsequenz.

Um das Wesen des Faschismus richtig zu erfassen, genügt es also nicht, ihn nur als Ideologie und Bewegung verängstigter, nach einem Ausweg suchender Massen zu betrachten. Zwar ist schon die faschistische Ideologie, wie oben dargelegt wurde, ein Produkt kapitalistischer Verhältnisse, doch das wirkliche Wesen des Faschismus offenbart sich erst dann, wenn seine reale Politik, seine Stoßrichtung gegen Arbeiterbewegung und Demokratie, betrachtet wird im Zusammenhang mit den Interessen und Zielen der herrschenden Klassen, insbesondere der Großwirtschaft. Dies gilt auch für rechtsextreme Ideologien und Parteien der Gegenwart. Auch hier greifen alle Ansätze zu kurz, die nur nach den Wählern und Mitgliedern, nach deren Lage und deren Motiven fragen, ohne die politische Stoßrichtung dieser Kräfte und ihren Platz in den Hauptkonflikten der Gesellschaft, insbesondere dem Konflikt zwischen Kapital und Arbeit, zu bestimmen.

Will man den *geschichtlichen Ort des Faschismus* grundsätzlich kennzeichnen, so kann man sagen: Der Faschimus ist in einem umfassenden und totalen Sinn *konterrevolutionär*. Er strebt nicht nur die Vernichtung der politischen und sozialen Rechte an, die in einer Reihe von Ländern die Arbeiterbewegung in der Revolutionsperiode nach dem Ersten Weltkrieg erkämpft hatte, sondern auch die Vernichtung der politischen Rechte, der bürgerlichen Freiheiten und der allgemeinen Menschenrechte, die von der Französischen Revolution von 1789 proklamiert worden waren. So definierte sich übrigens der Faschismus auch selbst: 1789 sollte aus der Geschichte »ausradiert« werden, wie es Goebbels ausgedrückt hat.

Zweiter Teil

Die Entwicklung seit 1945

Vielerlei hat sich seit 1945 geändert – sowohl in der Sozialstruktur und in den Lebens- und Arbeitsbedingungen wie auch im Denken und Fühlen der Menschen. Aber gewisse grundlegende Sachverhalte und Zusammenhänge bestehen auch heute noch – schon allein deswegen, weil die Eigentumsverfassung und der Gegensatz zwischen Kapital und Arbeit weiter bestehen. Und deswegen ist auch aus den Erfahrungen, die über das Aufkommen des Faschismus und den Kampf gegen ihn gemacht worden sind, noch Vieles zu lernen. Sie sind unentbehrlich – gerade wenn man die Andersartigkeit der gegenwärtigen Lage richtig erfassen will.

Veränderungen des politischen Verhaltens gehen hervor aus veränderten Lebensbedingungen und neuen Erfahrungen. Das wurde im *Ersten Teil* dargestellt. Also müßte man, um den Aufschwung der extremen Rechten in den 80er Jahren zu erklären, die Veränderungen untersuchen, die in dieser Periode in den Lebens- und Arbeitsbedingungen entstanden sind. Aber: Wie neue Bedingungen und Erfahrungen von den Individuen und Klassen interpretiert werden, hängt nicht nur von der neuen Problemlage ab, sondern auch davon, welche Denkmuster in einer gegebenen Gesellschaft existieren und vorherrschen. Diese Denkmuster aber haben sich in längeren Zeiträumen, meist im Verlaufe von mehreren Generationen herausgebildet. Dabei gibt es nicht nur Unterschiede zwischen den verschiedenen sozialen Schichten und Klassen und den verschiedenen Generationen, sondern auch nationale Unterschiede. Die sozialökonomischen Bedingungen zu Beginn der 30er Jahre z. B. waren in Deutschland nicht so grundlegend anders als in Frankreich oder in England. Die politischen Folgen aber unterschieden sich gewaltig. Das lag an der unterschiedlichen Art und Weise der Verarbeitung der Realität durch die Individuen und Klassen. Diese aber war ihrerseits wesentlich durch die eigentümlichen politisch-ideologischen Traditionen Deutschlands bestimmt, und zwar sowohl auf der Seite der Massen, insbesondere der Mittelschichten, wie auch auf der Seite der herrschenden Kräfte in Großwirtschaft, Militär und Staatsapparat.

Im Lichte der vorhandenen Denkmuster also werden neue

Probleme und Erfahrungen gesehen – und in diesem Prozeß werden diese Denkmuster ihrerseits natürlich verändert. Es handelt sich also um Dialektik: um eine Wechselbeziehung zwischen objektiven Verhältnissen und subjektivem Verhalten, zwischen Materiellem und Ideologischem. Auch das hat der *Erste Teil* schon gezeigt. Daraus aber folgt, daß man mindestens skizzieren muß, wie sich – in Wechselbeziehung mit der Realität – die Denkmuster seit 1945 herausgebildet haben, die jetzt politisch wirksam werden, und mit welchen materiellen Interessen diese Denkmuster verbunden waren und verbunden sind.

A. Grundbedingungen

1. Restauration des Kapitalismus und der Führungsschichten

Nach dem 8. Mai 1945 entwickelten sich zunächst starke Bestrebungen, die gesellschaftlichen Verhältnisse grundlegend umzugestalten: nicht nur die Staatsform, sondern auch die Eigentumsordnung. Diese Bestrebungen waren getragen von den Antifaschisten, die jetzt aus den Konzentrationslagern, aus den Zuchthäusern, aus dem Untergrund und aus der Emigration kamen. Sie hatten aus ihren Erfahrungen mit dem Faschismus und mit der Rolle von Großindustrie und Militär die Folgerung gezogen, daß die gesamte Gesellschaft grundlegend demokratisiert werden müsse und daß auch die Wirtschaft der Selbstbestimmung der Gesamtheit, dem souveränen Volk, unterworfen werden müsse. Die gleichen Bestrebungen nach Umgestaltung in Richtung auf Sozialismus entwickelten sich auch in den übrigen europäischen Ländern. Denn überall – von Griechenland bis

Frankreich – war aus dem antifaschistischen Befreiungskampf die Linke politisch und moralisch gestärkt hervorgegangen.

Diese Bestrebungen wurden von den herrschenden Kräften der Westmächte, vor allem der USA, zurückgedrängt und schließlich unterdrückt. Denn diese Kräfte hatten den Krieg gegen den Faschismus natürlich nicht geführt, damit nun Europa sozialistisch wurde. Und da sie in allen diesen Ländern ökonomisch und militärisch die entscheidende Macht darstellten, besaßen sie auch die notwendigen Mittel, um ihr Konzept durchzusetzen: die Restauration des Kapitalismus. Die Mittel, die dabei eingesetzt wurden, reichten von politischem und ökonomischem Druck (in Frankreich und Italien) über direkte Verbotsmaßnahmen (z. B. in Hessen gegenüber dem Artikel 41 der Verfassung, der Sozialisierung verlangte) bis zur militärischen Intervention (wie in Griechenland).

Das Ergebnis war jedenfalls, daß überall das *kapitalistische Gesellschaftssystem wiederhergestellt* wurde – und damit natürlich auch die grundlegenden Merkmale und Gesetzmäßigkeiten, die mit diesem System verbunden sind und die im *Ersten Teil* dargestellt wurden:

1. Die große Mehrzahl der Bevölkerung blieb ausgeschlossen von der Mitbestimmung über die Grundentscheidungen ihres gesellschaftlichen und wirtschaftlichen Daseins. (Die letzten Versuche der Arbeiterbewegung, dies grundlegend zu ändern, wurden mit dem Betriebsverfassungsgesetz von 1952 abgeschlagen.)

2. Der Konkurrenzkampf blieb der Motor der ökonomischen und gesellschaftlichen Entwicklung und bestimmte die Erfahrungswelt der Eigentümer, griff aber natürlich auch tief in die Arbeits- und Lebensbedingungen der abhängig Arbeitenden ein.

3. Die fundamentale Unsicherheit des sozialen Daseins, die Ungewißheit, was morgen sein wird, die Erfahrung, daß man die eigenen Lebensbedingungen nicht unter Kontrolle hat, blieb die elementare Erfahrung für die große Mehrheit der Bevölkerung. Und sie ist die elementare Erfahrung bis zum heutigen Tag.

Dies unterscheidet die Bundesrepublik zunächst nicht von den anderen Ländern Europas. Zu fragen ist aber, welche zusätzlichen *Bedingungen für die Bundesrepublik* dadurch entstanden, daß ein zwölfjähriges faschistisches Herrschaftssystem vorausgegangen war, das Verbrechen von bisher unvorstellbarem Ausmaß begangen hatte. Wie wurde dieses Faktum behandelt und verarbeitet? Wurde ein Neubeginn gewagt?

Die Besatzungsmächte – unter Führung der USA – waren bei ihrem Bestreben, den nach 1945 zunächst moralisch und politisch angeschlagenen Kapitalismus wiederherzustellen, auf Bundesgenossen in den betroffenen Ländern angewiesen. Das konnten nur die Kräfte sein, die am Kapitalismus selber interessiert waren, also die Kapitalbesitzer und deren politische Interessenvertreter.

In Deutschland aber waren das genau die Schichten und Führungsgruppen, die bis 1945 das faschistische System mitgetragen hatten und die in der Tat im Kampf gegen die »kommunistische Gefahr« viel Erfahrung besaßen. Deren Rehabilitierung erschien auch noch aus einem anderen Grunde angezeigt: Die Amerikaner mußten befürchten, das ganze System der Privatwirtschaft werde Schaden nehmen und gänzlich mit Faschismus und Verbrechen identifiziert werden, wenn weiterhin führende Repräsentanten der deutschen Industrie und Banken als Kriegsverbrecher angeklagt würden.

Dies sind die Gründe, weshalb die Entnazifizierung sehr bald eingestellt wurde, weshalb auch die soeben noch als Kriegsverbrecher auf der Anklagebank sitzenden Führungskräfte aus Großkapital und Militär sehr rasch wieder Einfluß erhielten und überhaupt die Führungsschichten aus der Zeit des Faschismus in großem Umfang wieder in Machtpositionen eingesetzt wurden. Dies geschah zunächst mit Hilfe der Besatzungsmacht, wurde nach der Gründung der Bundesrepublik aber energisch fortgesetzt von den Organen des neuen Staates.

Repräsentanten des Großkapitals, die – wie Flick und Krupp – soeben noch als Kriegsverbrecher angeklagt worden waren, wurden nun nicht nur aus der Haft entlassen, sondern übernahmen sogleich auch wieder die Machtzentralen ihrer großen Konzerne, von denen aus sie bald wieder großen ökonomischen und politischen Einfluß gewinnen konnten. Die Entnazifizierung wurde eingestellt. 1951 wurde es sogar durch Gesetz zur Pflicht gemacht, alle zuvor als Nationalsozialisten entlassenen bzw. nicht eingestellten Angehörigen des öffentlichen Dienstes (mit Ausnahme der krassesten Fälle) einzustellen, das hieß praktisch auch: gegenüber den nichtbelasteten, antifaschistischen Bewerbern vorzuziehen. Das Gesetz galt auch für Angehörige der faschistischen Wehrmacht, der Geheimen Staatspolizei (Gestapo), der SS und der Waffen-SS, also auch für solche Organisationen, die vom Internationalen Militärtribunal für verbrecherisch erklärt worden waren. Zugleich mit dieser Renazifizierung (die etwa 150.000 Beamte und Angestellte betraf) wurden viele Antifaschisten, die nach dem 8. Mai 1945 zunächst Führungspositionen in Politik und Gesellschaft übernommen hatten, unter der Parole der »kommunistischen Gefahr« wieder hinausgedrängt. Bereits 1950 konnte die Regierung Adenauer sich erlauben, durch einen Erlaß die Mitglieder zahlreicher linksgerichteter Organisationen als für den öffentlichen Dienst nicht zugelassen zu deklarieren. Unter ihnen befanden sich auch die Mitglieder der Vereinigung der Verfolgten des Naziregimes. So waren diejenigen, die im Faschismus als Staatsfeinde verfolgt worden waren, erneut als Staatsfeinde gebrandmarkt.

Die Führungsschichten aus Großwirtschaft, Justiz, Verwaltung und Militär, die das faschistische System mitgetragen hatten, wurden nun also in großem Maßstab in ihre früheren Machtpositionen wieder eingesetzt. Anders gesagt: Die Machtpositionen der Bundesrepublik wurden in beträchtlichem Maße von solchen Kräften besetzt, die ihre politische Prägung und ihr Feindbild durch den Faschismus erhalten hatten. Aus der Sicht der bundesrepublikanischen Gesellschaft hieß das: Beträchtliche Teile der höheren Beamten in den Ministerien, im Auswärtigen Amt, in den Geheimdiensten, der höheren Richter und der Staatsanwälte, der Universitätsprofessoren und leitenden Redakteure im Rundfunk und bei den großen Zeitungen, der führenden Repräsentanten der Industrie und der Banken, und alle, tatsächlich ausnahmslos alle Generäle und hohen Offiziere der neu gebildeten Armee hatten im faschistischen Staat schon ähnlich hohe Positionen innegehabt und an der Politik des Faschismus entsprechend mitgewirkt.[11]

In all diesen Bereichen blieben zwar besonders belastete Personen ausgeschlossen, und es waren – mit Ausnahme des Militärs – auch Personen und Gruppen aufgenommen worden, die nicht zu den Führungsschichten des faschistischen Systems gehört hatten. Doch insgesamt war die Kontinuität zur faschistischen Periode beträchtlich und für jedermann erkennbar.

So vollzog sich also innerhalb weniger Jahre in großem Umfang jener Prozeß, der sich auch nach 1918 vollzogen hatte und der nach weithin übereinstimmender Auffassung der Historiker damals die fundamentale Schwäche der Demokratie begründet hatte: Die Kontinuität und Restauration der alten Machteliten samt der sozialökonomischen Grundlagen ihrer Herrschaft.

2. Möglichkeiten und Grenzen für Neofaschismus

Diese Weichenstellung, die bereits zum Ende der 40er Jahre erfolgte, hatte selbstverständlich beträchtliche Auswirkungen auf die politische, kulturelle und ideologische Verfassung der Bundesrepublik. Von hier aus ist die Frage anzugehen, ob der Faschismus der Vergangenheit Chancen erhielt weiterzuwirken – über das Maß hinaus, das einfach dadurch gegeben war, daß alle Deutschen zwölf Jahre unter einer faschistischen Diktatur, unter deren Informations- und Propagandamonopol gelebt hatten und daß Elemente von faschistischer Ideologie im Denken und Fühlen von Millionen von Menschen ihre Spuren hinterlassen hatten.

a. Die Folgen der Restauration

Es sind hauptsächlich zwei Ebenen, auf denen die umfangreiche Wiedereinsetzung der Führungsschichten in ihre Machtpositionen sich auswirkte:

1. Diese Führungsschichten in Wirtschaft und Staat, Massenmedien und Kirchen waren selbst durch antidemokratische Weltbilder in starkem Maße geprägt. Auch dann, wenn sie ideologisch keine überzeugten Faschisten waren, war ihr Denken doch in

einem solchen Maße konservativ-reaktionär, autoritär und militaristisch bestimmt, daß sie an der Politik des Faschismus hatten mitwirken können.

Sie gaben ihre Weltanschauung in ihrem jeweiligen Einflußbereich aber selbstverständlich weiter an die jüngere Generation, so daß auch die jüngeren Richter und Staatsanwälte, Ministerialbeamten und Offiziere lernten, die Welt mindestens partiell in dieser Weise wahrzunehmen. Die ideologischen Traditionen des Faschismus erledigen sich also keineswegs biologisch, durch das Aussterben der Generation, die den Faschismus getragen hat, sondern sie bedürfen politischer Anstrengung und Überwindung.

Für das Bewußtsein der ehemaligen Mitläufer- und Anhängermassen des Faschismus bedeutete die Restauration: Es gab für sie keine Notwendigkeit mehr, ihr politisches Weltbild grundsätzlich und vollständig zu revidieren, um in Übereinstimmung mit der herrschenden Politik zu sein. Preisgegeben werden mußte zwar der Antisemitismus, der Mythos vom Führerstaat und der Teil des Feindbildes, der sich gegen die Westmächte richtete. Die Überzeugung aber, daß der Feind links stehe, daß Sozialisten, Kommunisten und Pazifisten in der Bundesrepublik als Agenten des äußeren Feindes, der Sowjetunion zu betrachten und zu behandeln seien, daß kommunistische Organisationen zu verbieten und die mit dem Kommunismus sympathisierenden Meinungen zu unterdrücken seien, konnten sie aus ihrem faschistischen Weltbild übernehmen und beibehalten.

In dieses Feindbild wurden bald alle einbezogen, die sozialistische Ziele vertraten oder sich auch nur energisch für die Interessen der abhängig Arbeitenden an besseren Arbeits- und Lebensbedingungen einsetzten; und selbstverständlich alle, die sich der Remilitarisierung, dem Aufbau einer neuen Militärmacht, widersetzten.

Entsprechend sah die politische Wirklichkeit aus: In der Zeit des Kalten Krieges wurden pro Jahr im Durchschnitt 15.000 politisch begründete Ermittlungsverfahren eingeleitet, so daß man durchaus von Massenverfolgungen sprechen kann. In der Tat wurden nach amtlichen Angaben in den Jahren 1950–1955

35.189 Ermittlungsverfahren gegen Jugendliche eingeleitet (besonders wegen ihrer Aktivitäten gegen die Remilitarisierung und wegen Zugehörigkeit zur Freien Deutschen Jugend). Fast 15.000 Jugendliche wurden wegen Teilnahme an Veranstaltungen, die gegen die Remilitarisierung gerichtet waren, vorübergehend verhaftet; 6.429 Jugendliche wurden in 425 Prozessen zu 1.012 Jahren Gefängnis verurteilt. Insgesamt wurden 1951 bis 1961 200.000 politische Verfahren durchgeführt, von denen 500.000 Bürger der Bundesrepublik betroffen waren.[12]

Diese seit 1950 schon durchgeführten Diskriminierungs- und Verfolgungsmaßnahmen gegenüber Linken wurden 1956 durch das Verbot der Kommunistischen Partei sanktioniert und systematisiert. Ein solches Verbot gab und gibt es in der Tat in keiner anderen parlamentarischen Demokratie Europas. Ein Klima der Angst und Einschüchterung breitete sich aus, in dem die nach 1945 zunächst starken sozialistischen und antimilitaristischen Kräfte politisch wieder isoliert werden konnten.

2. Wie unter diesen Bedingungen die Verfolgung der Naziverbrechen aussah - und andererseits die Entschädigung derer, die unter dem faschistischen Terror in Konzentrationslagern oder in den Fabriken der Großindustrie gelitten hatten - kann man sich leicht vorstellen.

Die riesigen Verbrechen, die der Faschismus begangen hatte, wurden von den staatlichen Organen der Bundesrepublik entweder überhaupt nicht gesühnt oder nur mit lächerlich geringen Strafen bedacht.[13] Verschiedene von den bürgerlichen Parteien getragene Initiativen, diese Verbrechen überhaupt als verjährt zu erklären, scheiterten zwar an dem Protest der bundesrepublikanischen und der internationalen Öffentlichkeit. Real aber wurde weithin Amnestie praktiziert. Von der Richterschaft, die am Vollzug des faschistischen Terrors wesentlich beteiligt war und - nach unvollständigen Statistiken - über 30.000 Todesurteile gefällt hatte, wurde nach 1949 kein einziger zur Rechenschaft gezogen. Dies gilt sogar für das zentrale juristische Terrorinstrument des Faschismus, den Volksgerichtshof. Die meisten dieser Richter konnten weiterhin Recht sprechen. In der gleichen Weise wurden die Mediziner, die an Menschenversuchen und anderen Kriegsverbrechen mitgewirkt hatten, behandelt. Allenfalls drohte einigen von ihnen, daß sie – ausgestattet mit hohen Pensionen – sich aus dem Berufsleben zurückziehen mußten. Kam es gegen Beteiligte an den faschistischen Massenmorden dennoch zu Gerichtsverfahren, so waren die Urteile in der Regel äußerst milde. Manche erhielten, umgerechnet, für einen ermordeten Juden 30 Minuten Haft oder eine Geldstrafe von einer Mark,[14] öfter aber wurden die Angeklagten freigesprochen, weil ihnen nicht »mit letzter Gewißheit« nachzuweisen war, daß sie *persönlich* bestimmte Taten begangen hatten.

Die Schreibtischtäter, also diejenigen, die den Terror- und Mordapparat organisiert und dirigiert hatten und also eigentlich die Hauptverantwortlichen waren, blieben ohnehin weitgehend verschont. Der Gesetzgeber hatte bereits 1949 und dann 1965 entsprechende Amnestiebestimmungen beschlossen.[15] Viele dieser Funktionsträger gelangten erneut in einflußreiche Positionen – auch wenn sie solchen Organisationen angehört hatten, die vom Internationalen Militärtribunal mit guten Gründen als verbrecherisch gekennzeichnet worden waren.

In den allgemeinen Denkgewohnheiten und Weltbildern und vor allem in der Bestimmung des inneren und äußeren Feindes gab es also eine starke Traditionslinie, die über das Jahr 1945 hinauswirkte und die politische Wirklichkeit der Bundesrepublik wesentlich mitbestimmte.

b. Stabilisierung der Demokratie

Diesen für die Entfaltung der Demokratie höchst ungünstigen Entwicklungslinien standen jedoch andere gegenüber, die diese Entfaltung zuließen, sogar aktiv beförderten.

Für die Weimarer Demokratie war es eine schwere Belastung gewesen, daß sie aus einem verlorenen Krieg hervorgegangen war. Ein mächtiger, strahlender Militärstaat mit hoher Wirtschaftsdynamik war vorangegangen, während die Demokratie nun mit den Folgen des ruinösen Krieges belastet war und also im Vergleich zum Kaiserreich für den oberflächlichen Blick recht ärmlich dastand. Und der militärische Zusammenbruch von 1918 war auf den ersten Blick nicht ohne weiteres erkennbar. Denn noch im Oktober 1918 standen die deutschen Armeen im Osten wie im Westen im »Feindesland«. Eben darauf hatte die Rechte ihre »Dolchstoßlegende« aufgebaut: Das unbesiegte deutsche Heer sei durch die »Novemberverbrecher« von hinten erdolcht worden.

Solche Legenden konnten nach dem Zweiten Weltkrieg trotz der Bemühungen der extremen Rechten im Massenbewußtsein nicht wieder Fuß fassen. Zwar wurde wieder die Niederlage den »Verrätern« angelastet: dem Arbeiterwiderstand, dem Nationalkomitee Freies Deutschland, dem 20. Juli usw. Das wird bis heute von der extremen Rechte verbreitet, doch das Bewußtsein der Massen war (und ist) damit nicht mehr zu erreichen. Allzu drastisch war die militärische Niederlage durch die vollständige Eroberung und Besetzung Deutschlands vor Augen geführt worden. Und der 1948 mit starker ökonomischer Unterstützung der USA eingeleitete *Wirtschaftsaufschwung* ließ nostalgische Erinnerungen an den Faschismus bei der großen Mehrheit der Bevölkerung bald nicht mehr aufkommen. Sicherlich wurde durch diesen Aufschwung auch – und das war auch der vordringlichste Zweck gewesen – die Mehrheit der Bevölkerung für die »freie Marktwirtschaft« gewonnen, d. h. für die Restauration des Kapitalismus, und für die Parteien, die diese Politik repräsentierten, also die bürgerlichen. Sicherlich wurden damit auch sozialistische Alternativen nachhaltig diskreditiert – zumal die Entwicklung in der DDR sich im Vergleich dazu kümmerlich und trist ausnahm (und bis zum heutigen Tag ausnimmt). Und sicherlich hat diese ökonomische Entwicklung die sozialen Unterschiede zwischen Arm und Reich, zwischen Kapitalbesitzern und abhängig Arbeitenden, enorm gesteigert.

Auf der anderen Seite aber hat dieser langanhaltende Wirtschaftsaufschwung auch der Masse der abhängig Arbeitenden einen materiellen Lebensstandard gebracht, den die vorangegangenen Generationen des Kaiserreichs, der Weimarer Republik und des Faschismus nie gekannt haben. Und die Arbeiter und Angestellten haben ihre Lebensbedingungen natürlich mit denen ihrer eigenen Jugend, ihrer Eltern und Großeltern, ihrer »Brüder und Schwestern« in der DDR verglichen – und nicht etwa mit denen der Kapitalisten, deren Reichtum und deren Konsumwelt in Dimensionen lagen, die ihrem Denken kaum zugänglich waren. (Auch das gilt bis zum heutigen Tag.) Diese – gerade im Kontrast zur Vergangenheit und zur DDR – so eklatanten Verbesserungen der materiellen Lebensbedingungen aber haben wesentlich dazu beigetragen, daß die Demokratie als Staatsform von der großen Mehrheit akzeptiert worden ist. Seit der Französischen Revolution war in Deutschland von der Rechten die Ideologie verbreitet worden, daß die Demokratie dem deutschen Wesen fremd und nur von auswärtigen Mächten aufgezwungen worden sei. Noch in der Weimarer Republik war diese Ideologie von den bürgerlichen Schichten weithin akzeptiert worden. Damit war es nach 1945 vorbei. Auch jetzt versuchte die extreme Rechte, die Demokratie wieder in dieser Weise abzuwerten, als »Gehirnwäsche« und Frucht der »Umerziehung« zu diffamieren, doch Massenwirksamkeit war damit nicht mehr zu erzielen.

Hinzu kam, daß der Faschismus und seine Folgen bei der Mehrheit der Bevölkerung zwar nicht etwa einen entschiedenen Antifaschismus erzeugt hatten, aber doch den Eindruck, daß dieser Weg nicht der richtige gewesen war, und die Bereitschaft, andere Wege zu gehen. Sogar für umfassende Sozialisierungsmaßnahmen, wie sie die Verfassung des Landes Hessen vorsah, votierten (am 1. 12. 1946) über 70 Prozent der Wähler. Da war kein großer Unterschied zwischen der US-Zone und der sowjetischen, in der eine Volksabstimmung ähnliche Ergebnisse zeigte.

Besonders der Militarismus hatte schließlich eine tiefsitzende Abwehrhaltung gegen alles Militärische hervorgerufen. Dies zeigte sich nicht nur in der starken Gegenbewegung gegen die Remilitarisierung, die nur durch die oben beschriebenen Massenverfolgungen gebrochen werden konnte. Längerfristig viel folgenschwerer war die definitive Zerstörung des Soldatenmythos im Massenbewußtsein: Mit der Verherrlichung soldatischer Tugenden und soldatischer Lebensweise als Gipfel menschlicher Existenz, mit dem hohen gesellschaftlichen Prestige des Militärs und der Uniform, die – vom Kaiserreich erzeugt – noch das Denken der bürgerlichen Schichten in der Weimarer Republik wesentlich geprägt hatten, war es vorbei. Und trotz mancherlei

Bemühungen von interessierter Seite ist es bis heute nicht gelungen, dieses Prestige auch nur in Ansätzen wiederherzustellen.

3. Die Lage der extremen Rechten bis zur Mitte der 60er Jahre[16]

Für die extreme Rechte gab es in dieser Konstellation nach 1945 kaum Möglichkeiten zur Entfaltung. Zwar blieben faschistische Denkmuster und Feindbilder in einem gewissen Maße lebendig, doch die politischen Realitäten waren so beschaffen, daß die extreme Rechte daraus keinen Gewinn schlagen konnte.

1. Die Besatzungsmächte waren zwar sehr daran interessiert, mit den Führungsschichten des ehemaligen faschistischen Systems zusammenzuarbeiten und sich deren Erfahrungen im Kampf gegen die »kommunistische Gefahr« zunutze zu machen. Auch die entsprechenden Denkmuster in der Bevölkerung waren für diese Politik gut verwendbar. Doch legten sie zugleich Wert darauf, daß dies alles sich einfügte in den Rahmen parlamentarisch-demokratischer Formen. Im Potsdamer Abkommen vom August 1945 hatten die vier Mächte die »Ausrottung des Nazismus und Militarismus« beschlossen. Und für die Neubildung von Parteien wurde deren demokratischer Charakter zur Bedingung gemacht. Jede Neubildung faschistischer Organisationen, »jede nazistische und militärische Betätigung und Propaganda« war untersagt. So waren Ansätze zur Neuformierung faschistischer Organisationen bis 1949 durch die Rechtsnormen und die Praxis der Alliierten weitgehend blockiert.

2. Mit der Gründung der Bundesrepublik wurden diese Rechtsnormen zwar durch Art. 139 des Grundgesetzes in das Verfassungsrecht des neuen Staates übernommen. Mit der Anwendung nahmen es die Organe dieses Staates, wie oben schon gezeigt, aber nicht mehr so genau. Doch nun wurde die Entfaltung faschistischer Kräfte durch andere Momente blockiert. Vor allem machte sich jetzt der Wirtschaftsaufschwung im Massenbewußtsein immer stärker geltend. Die Massen sahen sich im wachsen-

den Maße aufgehoben bei den Parteien, die das neue System – die parlamentarische Demokratie und die Marktwirtschaft – repräsentierten. Und auch die Millionen-Massen der ehemaligen Anhänger und Mitläufer der NSDAP konnten sich bei CDU/CSU und FDP aufgehoben fühlen. Denn diese führten ja nicht nur die gewohnten Feindbilder weiter, sondern sie stellten auch klar heraus, daß die Bundesrepublik sich mit den bestehenden Grenzen nicht abfinden werde: weder mit der Spaltung Deutschlands noch mit der Westgrenze Polens. Und die Funktionäre der Vertriebenenverbände, die ebenfalls immer stärker von der CDU/CSU integriert wurden, gingen über diese Forderungen noch weit hinaus und erhoben auch Ansprüche auf das Sudetenland, auf Österreich, auf Südtirol, auf das Memelland und auf andere Gebiete im Osten.[17] So wurden die Revisionshoffnungen der zwölf Millionen Vertriebenen integriert und zugleich wachgehalten und genährt. Aber so wurden auch die dumpfen Emotionen all derer integriert und genährt, die sich mit der Niederlage von 1945 nicht abfinden wollten.
3. Die ehemaligen Führungsschichten des faschistischen Systems waren, wie schon berichtet, mittlerweile ebenfalls in hohem Maße in das neue System integriert. Parteipolitisch fanden sie ihre neue Heimat in den Unionsparteien, in der rechtsgerichteten Deutschen Partei, die alsbald von der CDU aufgesogen wurde, in starkem Maße aber auch in der FDP, die damals noch sehr »national« bestimmt war; manche kamen auch bei der SPD unter. Ideologisch vollzogen sie die Anpassung an die neuen Realitäten dadurch, daß sie sich nun zum Christentum und zur abendländischen Kultur, zur parlamentarischen Demokratie und zur westlichen Werte- und Verteidigungsgemeinschaft bekannten – und bei alledem ja die Hauptfrontstellung, für die sie bis 1945 sich engagiert hatten, aufrecht erhalten konnten: die Frontstellung gegen den »Feind im Osten« und die »kommunistische Gefahr« im Innern. Als besonders überzeugender Beweis für die Abkehr von der Vergangenheit galten die Sympathiekundgebungen für Israel, die denn auch reichlich abgelegt wurden.

Dieser Mechanismus konnte freilich nur dann ideologisch funktionieren, wenn der Faschismus auf Antisemitismus reduziert und alles andere, vor allem seine Vernichtungspolitik gegenüber der Linken und sein Eroberungs- und Vernichtungskrieg gegen die Ostvölker, ausgeblendet wurden; wenn also seine soziale Substanz – die Durchsetzung kapitalistischer Interessen nach innen und außen – zugedeckt blieb. Dafür sorgten die politische Publizistik und die etablierte Geschichtswissenschaft, die auch selber allen Anlaß hatte, die faschistische Vergangenheit, an der sie ja wesentlich mitgewirkt hatte, zurechtzubiegen.[18]

So blieb für *Ansätze eines neuen Faschismus* zunächst wenig Raum. Da Führungsschichten wie Anhängermassen des ehemaligen Faschismus anderweitig integriert waren, blieben sie im wesentlichen beschränkt auf eine »Mittelgruppe aus alten Kämpfern, SA-, SS- und Waffen-SS-Offizieren, völkischen Poeten und Publizisten, gehobenen Funktionären der NSDAP und HJ-Führern«, die von der Entnazifizierung erfaßt worden waren.[19] Es waren solche Gruppen, die die Anpassung an die neuen Realitäten nicht geschafft hatten; in manchen Fällen auch deswegen, weil sie an allzu exponierter Stelle, womöglich persönlich, an den Verbrechen des Faschismus beteiligt gewesen waren; oder auch deswegen, weil sie die geforderte Anpassung wirklich als »Verrat« empfanden und nicht vollziehen wollten.

So blieben die neugebildeten faschistischen Organisationen schwach. Die Deutsche Rechts-Partei, die schon 1946 gegründet worden war, erhielt 1949 noch über eine halbe Million Stimmen und im ersten Bundestag sechs Mandate. Und die im Oktober 1949 gegründete Sozialistische Reichspartei (SRP), die schon ziemlich offen faschistisch auftrat, konnte etwa 10.000 Mitglieder sammeln und bei den Landtagswahlen in Niedersachsen (wo schon die NSDAP vorzügliche Resultate erzielt hatte) im Mai 1951 11% der Stimmen gewinnen. Doch mit dem Beginn der Konjunktur 1951/52 ging es dann rasch abwärts, und das Verbot der SRP im Oktober 1952 traf bereits eine im Niedergang begriffene Partei. Die Deutsche Reichspartei (DRP), die dann die SRP-Aktivisten aufnahm, konnte zwar 12.000 Mitglieder (1956) sammeln, bis 1966 jedoch keinerlei parlamentarische Erfolge mehr erzielen. Von 1,1% (1953) sank sie sogar auf 0,8 % (1961) ab.

Das ist freilich nur die eine Seite der Sache. Die andere besteht darin, daß Gründung und Auftreten, ideologische und politische Aktivitäten der extremen Rechten nicht ernsthaft behindert worden sind – obwohl die Rechtslage eigentlich die Staatsorgane verpflichtet hätte, jede Aktivität zu unterbinden.

Der angebliche Gegenbeweis, das *Verbot der SRP* durch das Bundesverfassungsgericht im Jahre 1952, hält einer genauen Betrachtung nicht stand. Zwar lief das Verfahren juristisch korrekt ab, und das Gericht legte sehr überzeugendes Beweismaterial vor. Auch die Maßstäbe, die das Gericht entwickelte, sind für die rechtliche Beurteilung neofaschistischer Parteien außerordentlich lehrreich.

Die politische Seite dieses Verbots ist allerdings weit weniger überzeugend. Tatsächlich folgten nämlich dem formalen Verbot keinerlei reale Maßnahmen zur Unterbindung weiterer Aktivitäten, so daß die Funktionäre und Aktivisten der SRP ungehindert weitermachen, neue Organisationen gründen oder sich anderen neofaschistischen Organisationen anschließen konnten.[20] Die Sympathien innerhalb der zuständigen Staatsorgane gegenüber den ehemaligen Kampfgefährten waren eben doch beträchtlich – und in der Hauptfrontstellung gegen links wußte man sich ja auch einig – wie einst in der Weimarer Republik.

Die Existenz untergründiger Sympathien, die sicherlich bis in »höhere Kreise« hineinreichten, drückte sich auch darin aus, daß in dieser gesamten Periode des Kalten Krieges bis zur Mitte der 60er Jahre die Leserzahlen der neofaschistischen Zeitungen und Schriften um ein Vielfaches höher lagen als die Mitgliederzahlen der neofaschistischen Parteien. In der Regel waren sie sogar wesentlich höher als deren Wählerzahlen. So warf der Erich Pabel Verlag seit 1957 »volkstümliche Kriegsliteratur« in einer Auflage von monatlich 500.000 Heften auf den Markt. Und die »Deutsche Nationalzeitung«,[21] die einen hervorragenden Status innerhalb der neofaschistischen Publizistik einnahm, steigerte ihre Auflage von 35.000 (1963) auf über 137.000 (1967).[22] Wahrscheinlich wurde jedes Exemplar von mehreren Lesern gelesen, so daß mit einer beachtlichen publizistischen Wirkung gerechnet werden muß.[23]

Das (formale) Verbot der SRP war allerdings aus zwei Gründen gebraucht worden: Erstens wurde ein Verbot der KPD angestrebt, die im Kampf gegen die Remilitarisierung eine zentrale Rolle spielte. Ein solches Verbot aber war für eine parlamentarische Demokratie absolut beispiellos. Es war eher ein Kennzeichen rechtsgerichteter Diktaturen. Zudem hatte die KPD zu den von Anfang an von den Alliierten zugelassenen Parteien, also zum Grundbestand der neuen Demokratie gehört und dann auch an der Ausarbeitung demokratischer Verfassungen wesentlich mitgewirkt. Um ein solches Verbot zu rechtfertigen, mußte – schon wegen der internationalen Öffentlichkeit – mindestens formal eine entschiedene Maßnahme gegen die extreme Rechte zugleich oder besser noch vorher erfolgen.

Aber auch aus inneren Gründen war ein Schlag gegen die extreme Rechte als Vorbereitung des KPD-Verbots nicht zu umgehen. Auch innenpolitisch hatte sich die Restauration des Kapitalismus und die Restauration der alten Führungsschichten im Gewande der Ideologie vollzogen, daß man sich von der faschistischen Vergangenheit total abgewandt habe. Die damit verbundene ideologische Frontstellung gegen den Faschismus, die durchaus starken Stimmungen in der Bevölkerung entsprach, war verknüpft worden mit der alten und der neuen Frontstellung gegen die »kommunistische Gefahr«. Diese Verknüpfung leistete die Totalitarismusthese, die Lehre, daß linker und rechter Extremismus wesensgleich seien und daß die Demokraten beiden Gefahren gleichermaßen entschieden entgegenzutreten hätten.

Die Realität des Kampfes gegen rechten und linken Extremismus sah dann so aus, daß die SRP 1952 verboten wurde, ohne daß weitere ernsthafte Maßnahmen erfolgten, während das Verbot der KPD 1956 schon im Vorfeld und dann in der Folge mit der Zerschlagung der Partei, der Verhaftung und Verurteilung einer großen Zahl von Mitgliedern und Funktionären, der Verfolgung einer beträchtlichen Zahl von »kommunistisch beeinflußten« Organisationen, der Diskriminierung von »kommunistisch beeinflußten« Ideen (von Sozialismus und Antimilitarismus bis zu konsequent liberaldemokratischen Positionen) verbunden war.

Auf der anderen Seite bildeten sich Organisationen, Zeitungen, Stiftungen und Akademien, die im *Übergangsfeld zwischen* seriöser« Politik und extremer Rechter agierten: Sie stellten personell, strukturell und ideologisch die Verbindung her, so daß die extreme Rechte keineswegs so isoliert war, wie es den Anschein hatte. Die Deutschland-Stiftung und der Witiko-Bund spielten hier eine zentrale Rolle. Die Funktionäre der Vertriebenenverbände, vielfach aus der NSDAP, propagierten die Forderungen nach weitreichenden Grenzrevisionen im Osten besonders militant, und sie erhielten nicht nur reichliche Finanzmittel aus den öffentlichen Haushalten, sondern auch Einfluß auf die Gestaltung der Lehrpläne für die Schulen der Bundesrepublik.

In all diesen Organisationen arbeiteten Kräfte zusammen, die im beträchtlichen Umfange früher der NSDAP, der SS und anderen NS-Organisationen angehört hatten und jetzt teilweise der extremen Rechten, teilweise den etablierten Parteien, hauptsächlich der CDU/CSU, angehörten.[24] Auch in der eindeutig neofaschistischen »Deutschen National- und Soldatenzeitung«, die ab 1963 »Deutsche Nationalzeitung« hieß, wirkten führende Repräsentanten – auch Abgeordnete und Minister – der CSU und der FDP mit.[25] In der HIAG schlossen sich die ehemaligen Verbände der Waffen-SS zusammen (als »Hilfsgemeinschaft«) und verklärten in ihrer Zeitung und auf ihren Kundgebungen ihre früheren Taten. Und wenn die ehemaligen Einheiten der Waffen-SS, die »Leibstandarte Adolf Hitler«, »Totenkopf« und »Hitlerjugend« ihre Treffen abhielten, so versäumten die Repräsentanten der jeweiligen Kommunen in der Regel nicht, Grußworte zu entbieten, und das gleiche tat die Bundeswehr.

So konnte also der Neofaschismus seine Propaganda durch ein breites Spektrum an Zeitungen, »Landserheften«, »Augenzeugenberichten« usw. so gut wie ungehindert entfalten. Und er konnte sogar Einfluß nehmen auf die Formulierung der offiziellen Politik und auf den Schulunterricht. Eine Massenbasis und Wahlerfolge aber konnte er nicht erlangen – bis 1965/66 die objektiven Bedingungen in der Bundesrepublik sich gravierend veränderten.

B. Der Aufschwung des Neofaschismus 1966 bis 1969: Die NPD

1. Ursachen

Um die Mitte der 60er Jahre gerieten die ökonomischen wie auch die ideologischen Grundlagen des neuen konservativ bestimmten Staatsbewußtseins in eine Krise. Eine ökonomische Rezession führte zu 700.000 Arbeitslosen und zum Zusammenbruch vieler Kleinunternehmen. Die tiefsitzende Angst vor dem Verlust der sozialen Existenz – die Erinnerung an die große Krise der 30er Jahre und an das Nachkriegselend war noch allzu lebendig – schien gerade bewältigt durch das »Wirtschaftswunder«. Die Versicherung, daß die freie Marktwirtschaft Wohlstand für alle dauerhaft gewährleisten werde und daß Krisen ein für allemal vorbei seien, waren bereitwillig geglaubt worden. Nun aber geriet alles wieder ins Wanken.

So löste die Rezession einen Schock aus, der weit überzogen erscheint, wenn man ihn mit dem realen Ausmaß der Krise vergleicht. Enttäuschung und Zorn aber verlangten ihre Opfer. Sie verlangten Schuldige, und diese konnten natürlich nur dort gefunden werden, wo sie das tradierte Weltbild schon immer gewußt hatte: auf der Linken, aber auch bei den »undeutschen Elementen«, die sich in Gestalt von 1,3 Millionen (1966) ausländischen Arbeitskräften bereits damals in der Bundesrepublik befanden. Enttäuschung und Zorn aber richteten sich auch gegen die bürgerlichen Parteien, die offensichtlich versagten im Kampf gegen diese Gefahren, die sogar – wie die CDU/CSU – 1966 eine Koalition mit den Sozialdemokraten schloß.

Beinahe schlimmer noch war der »nationale Verrat«, der sich jetzt anbahnte. Fünfzehn Jahre lang war den Massen eingehämmert worden, daß die Wiedervereinigung und die Wiedergewinnung der verlorenen Ostgebiete das oberste Ziel deutscher Politik seien und daß es mit dem Verbrecherregime in Pankow kein Verhandeln geben könne. Im Gefolge des Übergangs der USA zur Entspannungspolitik aber geriet auch diese Bastion ins Wanken – und die bürgerlichen Parteien leisteten offensichtlich Beihilfe zu diesem Verrat.

Dies war die Konstellation, in der die NPD Gefühle sozialer Angst und nationaler Enttäuschung artikulierte und sich als die einzige Kraft präsentierte, die diesen Sumpf energisch zu bekämpfen entschlossen war.

Diese Situation der ökonomischen, ideologischen und politischen Verunsicherung breiterer Bevölkerungsschichten schaffte nun auch für die typischen faschistischen Ideologieelemente wieder eine gewisse Aufnahmebereitschaft, die bisher schon propagiert, aber ohne größere Wirksamkeit geblieben waren. Diese Ideologie war von der extremen Rechten von Anfang an vertreten worden und wurde nun auch von der NPD aufgenommen. Sie läßt sich zu sieben Motivgruppen zusammenfassen:

1. Die Niederlage Deutschlands wird auf »Verrat« und mangelnde innere Geschlossenheit zurückgeführt. Diese »Dolchstoßlegende« soll die durch die militärische Niederlage angeschlagene nationale Überheblichkeit erneut stabilisieren und zugleich Widerstandskämpfer als »Landesverräter« brandmarken.

2. Die »Lüge von Deutschlands Kriegsschuld« soll mit allen Mitteln bekämpft, die »gewissenlose Clique zersetzender Intellektueller« in Wissenschaft und Publizistik, die sich dieser Ansicht nicht anschließen will, »ausgemerzt« werden.

3. Eine gezielte Kampagne, die nicht nur Sozialisten, sondern auch Gewerkschaften, Sozialdemokraten und schließlich liberale Demokraten als »Handlanger des Bolschewismus« diffamiert, schafft eine Atmosphäre, in welcher rationale Argumente nicht mehr zählen.

4. Die bestehende demokratische Ordnung wird als »unecht«, als »undeutsch«, als von den Siegern aufgezwungen denunziert.

5. Volk und Vaterland, Nation und Gemeinschaft, Rasse und Elite, Autorität und Ordnung sind die Begriffe, mit deren Hilfe die »staatserhaltenden Kräfte« die bestehende Verfassungsordnung angreifen und zugleich ihre imperialistischen Ansprüche begründen.

6. In einer ersten Phase sollen die durch die Niederlage im Kriege verlorengegangenen Gebiete zurückerobert werden, in einer zweiten soll Deutschland ein mächtiges Reich errichten, dem eine hegemoniale Stellung in Europa zukommt.

7. Die Berufung auf »Philosophen« wie Oswald Spengler und Paul de Lagarde, die sich für antidemokratische Polemik besonders gut eignen, vermittelt den Anschein von Seriosität und Niveau.

Die NPD[26] hatte sich im November 1964 aus Beständen der DRP, der Gesamtdeutschen Partei, Resten der Deutschen Partei und anderen rechtsextremen Splittergruppen als »nationale Sammelbewegung« gebildet. Ihre Führungskader kamen größtenteils aus der früheren NSDAP; ihr erster Vorsitzender Fritz Thielen kam aus der CDU. Ihr Parteiorgan »Deutsche Nachrichten« erreichte 1967 eine Auflage von 50.000 und war damit neben der »Deutschen Nationalzeitung« das auflagenstärkste Blatt der extremen Rechten. Bei den Landtags- und Kommunalwahlen 1966–69 konnte sie beachtliche Erfolge erzielen. Mit Stimmenanteilen, die zwischen 5 und 9,8 Prozent (in Baden-Württemberg) lagen, gelang es ihr, mit 61 Abgeordneten in sieben Landesparlamente (Ausnahmen waren Nordrhein-Westfalen, Hamburg und Saarland) und eine große Zahl von Kommunalparlamenten einzudringen.

2. Ideologische Grundlagen

Ihr Erfolg beruhte darauf, daß sie energisch diejenigen Ideologieelemente aufgriff, die von der herrschenden Politik und den regierenden Unionsparteien propagiert worden waren, aber nun offensichtlich nicht mehr eingelöst werden konnten. Das galt für die wirtschaftliche Stabilität ebenso wie für die »nationale Frage«, für den Kampf gegen die Linke ebenso wie für die »Überfremdung« der Bundesrepublik. Dies ist überhaupt ein zentrales Moment der extremen Rechten, das schon für die NSDAP galt und auch für die »Republikaner« gilt. Die extreme Rechte ist diejenige Kraft, die die reaktionärsten und nationalistischen Ideologieelemente der bürgerlichen Parteien aufgreift, zu ihren härtesten Konsequenzen steigert und ihre wirkliche Durchsetzung, ihre rücksichtslose Durchsetzung verlangt. Zum Zuge kommen können diese Kräfte dann, wenn diese bürgerliche Politik in eine Krise gerät und an Glaubwürdigkeit einbüßt.

Dieser Übergang von konservativen und gemäßigt nationalistischen Denkmustern zu faschistischen ist in der Tat in allen Bereichen von Politik, Wirtschaft und Kultur feststellbar, obgleich auch die NPD sich natürlich große Mühe gab, verfassungskonform zu erscheinen. Die Rechtfertigung von Ungleichheit, von »oben« und »unten«, von Befehl und Gehorsam als naturgegeben und unabänderlich – das ist, wie in konservativen Weltbildern überhaupt, das Fundament der Weltanschauung. Vom Faschismus werden aus diesem Prinzip die extremen Folgerungen gezogen:

Jede Form der Emanzipation – sei es die geistige der Aufklärung und der modernen Wissenschaft, die politische der Demokratie, die soziale der Arbeiter (und der Juden), sei es die Emanzipation der Frau in der Gesellschaft oder die Emanzipation der Farbigen von Europa – erscheint dem Faschismus als Dekadenz und Verfall, als »Nihilismus« und »Anarchie« gegenüber der alten patriarchalisch-autoritären Ordnung:

»In jüngster Zeit wird von verschiedenen Seiten [...] die Demokratisierung aller Bereiche des öffentlichen Lebens gefordert. Linksradikale Gewerkschaftsbosse fordern eine Demokratisierung der Betriebe, die Leftisten unter unseren Studenten verlangen eine solche der Universitäten, und sozialistische Schülergruppen wollen die Schulen 'demokratisieren'. Gemeint wird mit solchen Forderungen [...] die Demontage jedweder Autorität und Verantwortung«, die »alle überkommenen und bewahrten Ordnungen menschlichen Zusammenlebens in Staat und Gesellschaft in Frage stellt und auf deren völlige Auflösung hinausläuft«. – »Die Zersetzung aller Traditionen, die Sexualisierung unseres Daseins, die Abwertung aller moralischen Begriffe [...] wirken sich in katastrophaler Weise aus.« – »Die Zernierierung des Volkes in eine 'pluralistische Massengesellschaft' vollzieht sich schleichend und planmäßig.« – »Wir wissen, daß der Mensch in seinem tiefsten Wesen die Anarchie verabscheut, daß er Über- und Unterordnung bejaht und zu allen Zeiten bejaht hat.« Liberalismus, Demokratie und Sozialismus aber haben nach Ansicht der NPD das gleiche destruktive Ziel: Gleichheit statt Hierarchie, die »Einschmelzung in einen einförmigen Brei [. . .], die Ausrottung jeder naturgegebenen Ungleichheit [. . .]. Es soll [. . .] kein Stift mehr dem Chef [. . .], kein Rekrut mehr dem Feldwebel unterworfen sein«.[27]

Solche Ideologien der extremen Rechten sind freilich nur begründbar, wenn die Vernunft diffamiert und statt ihrer das unmittelbare Erleben und die gläubige Hingabe (an den Führer) auf das Schild gehoben werden:

»Gesund ist, wer noch Kraft zu Innerlichkeit, romantischem Empfinden und mystischer Steigerung aufbringt, unabhängig von den sogenannten 'pluralistischen' Tendenzen bindungsloser, in Nihilismus sich verlierender Rationalisten.«[28] Die NSDAP formulierte einst: »Darum verneinen wir den Intellekt, darum stützen wir uns so stark auf die Werte des Gefühls, als deren Grund wir die Werte des Blutes erkannt haben.«[29]

Die Emanzipation der Frau bedeutet in diesem Verständnis Zersetzung und Verfall: »Wenn mit der Gleichberechtigung der Frau die Entrechtung des Mannes, besonders in seiner Vaterrolle, verbunden wird, muß das zwangsläufig Ordnung und Autorität der Familie auflösen und damit die Keimzelle des Volkes zersetzen.«[30]

Was das Erziehungswesen betrifft, so ist für die NPD – natürlich – das Militär die »Schule der Nation«.[31] An den Hochschulen konnte die NPD nur noch in den Korporationen den Geist vorfinden, wie sie ihn sich wünschte: »Das wesentliche an der Burschenschaft war stets ihr unbeugsamer Wille, der Freiheit zu dienen, in Zucht und Ordnung zu leben und bereit zu sein, alles dem Vaterland zu geben.« Und die Mitglieder des Korporationsverbandes *Coburger Convent* gelten als »Akademiker, die sich ihrer Verantwortung für Volk, Vaterland und Nation bewußt sind«.[32]

3. Wirtschaft und Gesellschaft

Die hehren Sprüche von Volk und Vaterland, von Zucht und Ordnung, von Seele und Gemüt erweisen sich dort, wo es konkret wird, als ideologisches Gewand eines einzigen Interesses: des privatwirtschaftlichen – glorifiziert als abendländische Kultur: Es ist das Bekenntnis zu »unternehmerischem Fleiß und Initiative«, zum »freien Unternehmertum«, zum »Eigentumsbegriff und seinem Ethos, von dem das Abendland seit der Antike gelebt hat«. In der Überzeugung, daß »die Stabilisierung der bundesdeutschen Wirtschaft nur auf der Grundlage der Förderung der Privatinitiative der Unternehmer gelungen ist«, gibt es zwischen der NPD und den Unternehmerverbänden nicht die geringste Differenz. »Was sich [. . .] nicht ersetzen läßt, ist die Initiative [. . .] des geborenen [!] Unternehmers in der kapitalistischen Wirtschaft.«[33] Es ist freilich – ganz nach dem Vorbild der NS-Ideologie – kein Kapitalismus, in dem das Marktprinzip hemmungslos herrscht und der Mittelstand unter die Räder kommt. Gefordert wird vielmehr ein autoritärer Kapitalismus, in welchem der Staat den Mittelstand gegen das Großkapital schützt und zugleich die Gewerkschaften bändigt.

Ideologisch erscheint dies als dritter Weg zwischen Kapitalismus und Sozialismus: »Ebenso, wie wir rückhaltlose Gegner des Marxismus und Kommunismus sind, lehnen wir aber auch die Wiederbelebungsversuche des Kapitalismus vergangener Zeiten ab. Die moderne Gesellschaft im Spannungsfeld zwischen der kommunistischen und kapitalistischen Welt braucht eine andere Ordnung, eine Synthese.«[34] Die NSDAP formulierte einst kurz und präzis: »Gegen Kapitalismus und Marxismus.«

Was bleibt in diesem Gesellschaftsmodell für die abhängig Arbeitenden? Es bleibt – so das Parteiprogramm der NPD – die »Anerkennung [ihrer] Leistung, ein leistungsgerechter Lohn« in einer »Leistungsgemeinschaft«.[35]

Die Forderung der Gewerkschaften nach Mitbestimmung denunziert die NPD als Streben »nach diktatorischer Alleinherrschaft«, als »Versuch der Machtergreifung«, als »Rückfall in vergangene Klassenkampfzeiten«.[36] Die »sinnvolle Mitbestimmung«, für die die NPD – in Übereinstimmung mit Kreisen der Arbeitgeber und des rechten Flügels der CDU – plädiert, will keinesfalls den Gewerkschaften, sondern allenfalls den Angehörigen des jeweiligen Betriebes ein gewisses Mitspracherecht einräumen. Da diese Arbeitnehmer ihre Abhängigkeit von der Betriebsleitung sehr wohl kennen und sich entsprechend verhalten, ist auf diese Weise die Machtstellung nicht zu erschüttern. »Wirtschaftlich betrachtet spricht gegen die DGB/SPD-Pläne, daß durch sie das freischöpferische Unternehmertum eingeengt würde«. Es komme nun darauf an, »den Machthunger der Gewerkschaftsfunktionäre« in die Schranken zu verweisen.[37]

Nach 1933 wurde in Deutschland »aus der Überzeugung, daß jedes Volk seinen eigenen Weg der Selbstvollendung zu gehen und seine eigene Form des Sozialismus zu finden hat, [. . .] der marxistische Klassenkampf tatsächlich überwunden und – vorübergehend – durch einen Wohlstand und Berufsstolz schaffenden Arbeitsfrieden abgelöst«. Die Wirtschaftsordnung des Dritten Reiches also ist gemeint, wenn im Parteiprogramm der NPD von »Arbeitsfrieden«, »Treuepflicht zwischen Unternehmern und Arbeitnehmern« und »endgültiger Überwindung des Klassenkampfes« die Rede ist.[38]

4. Das Staatsmodell

Nach der Auffassung, die dem liberalen und demokratischen Rechtsstaat zugrunde liegt, ist der einzelne Mensch das höchste Gut; der Staat ist um seinetwegen da und hat ihm zu dienen. Im Gegensatz dazu steht die Staatsauffassung des Faschismus, die Otto Koellreutter 1934 in seiner Schrift »Der deutsche Führerstaat« wie folgt gekennzeichnet hat:

»Der liberale Staat ist der Idee nach immer ein autoritätsloser Freiheitsstaat. [. . .] Die Idee der Gemeinschaft [. . .] als Ganzheit eines Volkes bildet die politische Kraft des Führerstaates. Die seelische Verbindung des Volkes mit dem Staate bildet das Wesen der Staatsautorität, die auf der Vorstellung der Einheit von Volk und Staat beruht.« Die Staatsauffassung der NPD, wie sie Professor Anrich, der Chefideologie der NPD, entwickelte, ist davon nicht zu unterscheiden: der Staat »ist eine Urform des Lebens«. Er muß »eine Befehlsgewalt über die einzelnen Menschen und über die gesamte Menge der jeweils augenblicklich lebenden Menschen haben. Eine echte Befehls- und Einordnungsgewalt muß aus einer echten Befugnis dazu, das heißt aus seiner Hoheit kommen. Der Staat, der in seinem Wesen ausschließlich die zum Handeln herausgetretene Ganzheitskraft von Volkstum und Volk ist, hat eine solche Befehlsgewalt. [...] Der Staat ist höher als der Mensch und als die Menge der augenblicklich lebenden Menschen, er hat Souveränität über sie.«[39]

Im Kampf der Staaten und Nationen aber kann man nur bestehen, auf die Umwelt »kann man [...] nur Einfluß nehmen, wenn die Regierung hinter sich eine geschlossene Nation weiß, die ihrer Regierung vertraut«.[40] Die Nation aber ist hierarchisch gegliedert. Das bedeutet als Fernziel die Beseitigung der rechtlichen Gleichheit und die Errichtung einer hierarchischen Ordnung, die die verschiedenen gesellschaftlichen Gruppen nach ihrem jeweiligen Nutzen »für die Gemeinschaft« einstuft. Das System des liberalen Pluralismus ist für ein solches Politikkonzept ungeeignet: »Der Pluralismus kennt keine Wertung oder Einstufung der verschiedenen Gruppen nach ihrer Lebensnotwendigkeit und Leistung für die Gemeinschaft, [...] das hat er mit dem Liberalismus gemein.«[41]

5. Die soziale Basis

Mit solchen Vorstellungen konnte die NPD in den Jahren 1966–69 also einen bemerkenswerten Zulauf und beachtliche Wahlerfolge erzielen.

Der sozialen Herkunft nach war der selbständige Mittelstand (einschließlich der Bauern) deutlich überrepräsentiert, im übrigen aber war die Sozialstruktur der Wähler vom Durchschnitt der

Bevölkerung nicht weit entfernt. Auch Einbrüche in die Arbeiterschaft waren gelungen, und zwar in mittelständischen Betrieben und in Regionen, in denen die Gewerkschaften schwach waren und die Unternehmer noch eine patriarchalische Stellung einnahmen. So wie einst die NSDAP eine eigene Gewerkschaft hatte aufbauen wollen, die NSBO, erwog das anfänglich auch die NPD, ließ diesen Gedanken aber bald wieder fallen. Und da die Gewerkschaften des DGB (und auch die DAG) der NPD resolut entgegentraten und ab 1969 ihre in diesem Jahr gefaßten Beschlüsse, NPD-Mitglieder auszuschließen, ziemlich konsequent ausführten, fand die NPD kaum Möglichkeiten, auf die organisierte Arbeiterschaft Einfluß zu nehmen.

Bei den Mitgliedern ragt der hohe Anteil an Berufssoldaten als besonderes Merkmal heraus: Sie waren elffach überrepräsentiert. Auch höhere Beamte, Akademiker und Vertriebene waren stark vertreten.

Was die Altersstruktur der Wähler betrifft, so dominierten die 45- bis 60jährigen, also die Jahrgänge, die 1933 zwischen 12 und 27 Jahre und 1945 zwischen 24 und 39 Jahre alt gewesen waren. Die Vorstellungswelt dieser Generation wurde im Dritten Reich entscheidend geprägt – sei es, daß sie in diesen Jahren aufwuchs und erzogen wurde, sei es, daß sie bereits in mittlere und höhere Führungspositionen in HJ, Partei, SA, SS oder Militär aufrückte.

Als Mitglieder konnten auch Jüngere in beachtlicher Zahl gewonnen werden. Noch war – 1966/67 – die Entscheidung, wohin die jüngere Generation sich überwiegend wenden werde, nicht gefallen. In den Führungsgremien herrschten die »alten Kämpfer«, die schon vor 1933 der NSDAP beigetreten waren, sowie hochrangige Funktionäre aus dem Macht- und Terrorapparat des faschistischen Systems.

Wie einst die aufsteigende NSDAP, so war auch die NPD eine *männliche* Partei. Dies lag aber nicht am Emanzipationsbewußtsein der Frau, das damals noch auf sehr kleine Minderheiten beschränkt war, sondern – wie einst bei der NSDAP – daran, daß die Frauen gerade wegen ihres konservativ geprägten Weltbildes seriös-patriarchalische Parteien wie die CDU/CSU vorzogen – und nicht unseriös-lärmende.

6. Bündnisansätze und Niedergang

Die NPD war bereits auf dem Wege, zu einem relevanten Faktor im politischen Kräftefeld zu werden. Der rechte Flügel der Unionsparteien erkannte sowohl die ideologische Verwandtschaft an wie auch die Möglichkeit von politischen Bündnissen. Der offenherzigen Feststellung des CSU-MdB Josef Stecker: »Was die [Nationaldemokraten] an nationalen Anliegen und konservativem Gedankengut haben, das praktizieren wir ja täglich«, kann nicht widersprochen werden.[42]

Ein Bericht in den »Deutschen Nachrichten« vom 18.8.1967 über eine Podiumsdiskussion mit CSU, FDP, SPD und NPD endete enthusiastisch: »Zum Schluß stellte Stoppel von der CSU noch einmal die Lebensforderung des deutschen Volkes auf, die aus nationaldemokratischem Mund nicht prägnanter hätte formuliert werden können.«

Auf kommunal- und zum Teil auch auf landespolitischer Ebene wurde bereits kooperiert: in Kulmbach (Bayern) schlossen CSU und NPD ein Wahlbündnis gegen SPD; in Neustadt (Schleswig-Holstein) wurde der stellvertretende NPD-Landesvorsitzende mit den Stimmen der CDU zum stellvertretenden Bürgermeister gewählt; bei den Kommunalwahlen in Niedersachsen und Baden-Württemberg gingen Mitglieder der CDU, der FDP und des »Bundes der Heimatvertriebenen und Entrechteten« (BHE) erstmals in größerem Umfang Listenverbindungen mit der NPD ein[43], und im hessischen Landtag arbeiteten NPD und CDU gelegentlich als Oppositionspartner zusammen.

Aber noch bevor die Frage der Koalitionsfähigkeit innerhalb der bürgerlichen Parteien entschieden war und bevor ein Rechtskartell auf breiterer Front sich hätte bilden können, setzte 1969/70 der Niedergang der NPD ein. Innerhalb kurzer Zeit war sie wieder aus allen Landes- und den meisten Kommunalparlamenten verschwunden. Ihre Mitgliederzahl ging von fast 40.000 auf 6.000–8.000 zurück. Bei der Bundestagswahl im Herbst 1969 kam sie mit 4,3% (= 1,4 Millionen Zweitstimmen) noch knapp an die 5%-Grenze heran, doch dann ging es schnell bergab. In den folgenden Wahlen fiel sie – stufenweise – wieder auf jenes Niveau von 1% (oder weniger) zurück, das die extreme Rechte vor ihrem Aufstieg eingenommen hatte. Dieser rasche Niedergang war vor allem durch drei Faktoren verursacht:

1. Der 1969 erneut einsetzende ökonomische Aufschwung stabilisierte das Vertrauen bei den Bevölkerungsschichten wieder, die ins Wanken geraten waren: das Vertrauen zu den etablierten Parteien und zum politischen System insgesamt.

2. Die Unionsparteien verloren 1969 die Regierungsmacht und wurden in die Opposition gedrängt. Als Oppositionsparteien konnten sie sich nun als harte Alternative von rechts gegenüber der sozial-liberalen Regierungspolitik profilieren. Vor allem traten sie als entschiedene Gegner der sozial-liberalen Entspannungspolitik auf, prangerten deren Anerkennung der Ostgrenzen und deren Anerkennung der DDR als Staat als Verrat an den nationalen Interessen an. So konnten auch diejenigen Bevölkerungsteile in den Unionsparteien wieder ihre politische Heimat sehen, die auf nationalistische, revisionistische und revanchistische Denkmuster fixiert waren. (Es ist klar, daß für die Unionsparteien neue Probleme entstehen mußten, wenn sie selber wieder die Regierungsmacht übernahmen und dann mit all den Erwartungen auf eine totale »Wende« konfrontiert werden mußten, die sie selbst erzeugt hatten.)

3. Entscheidend und längerfristig besonders folgenschwer aber dürfte eine andere, tieferreichende Entwicklung gewesen sein: Der Zusammenbruch der Politik des Kalten Krieges und der Übergang zur Entspannungspolitik produzierte zwar auf der Rechten eine Woge von Enttäuschung und Wut, die der Formierung einer neofaschistischen Partei zugute kam. Dies war aber nicht der Hauptstrom der Entwicklung. Dieser wies vielmehr eindeutig nach links. Das drückte sich aus in dem Verlust der Regierungsmacht und der folgenden politischen Isolierung der Unionsparteien, der Bildung der sozial-liberalen Koalition und deren Wahlsieg 1972, noch stärker aber in der breiten gesellschaftlichen Strömung, die nach mehr Demokratie, nach Emanzipation in allen gesellschaftlichen Bereichen drängte und im Reformprogramm der sozial-liberalen Regierung ihren Nieder-

schlag fand. Eine neue Generation war herangewachsen, die nicht belastet war vom Verdrängungsverlangen gegenüber dem Faschismus. Sie hatte das beredte Schweigen und die halben und die ganzen Lügen der Älteren in dieser Frage ebenso satt wie die Prahlerei mit den ökonomischen Leistungen, durch die die Fragen nach der Vergangenheit zum Verstummen gebracht worden waren. Und auch mit den Phrasen von der Wiedervereinigung und der Rückgewinnung der »verlorenen Ostgebiete« als oberstem politischen Ziel, den Phrasen von der Befreiung der »Brüder und Schwestern« in der »sowjetischen Zone« konnte diese Generation nicht mehr viel anfangen.

Dieses von der Studentenbewegung zuerst und besonders vehement ausgedrückte neue Denken griff rasch auf andere gesellschaftliche Bereiche über, brachte große außerparlamentarische Bewegungen hervor, beeinflußte aber auch besonders die jüngere Generation in den Gewerkschaften und den sozial-liberalen Parteien. Die sozial-liberale Parteiführungen gingen zwar schon 1972 zu Repressionsmaßnahmen gegen die Linke über: Der »Radikalenerlaß«, mit dem die Berufsverbotepolitik begann, wurde im Januar 1972 gemeinsam mit den unionsgeführten Bundesländern verabschiedet. Und als dann 1974 eine neue, diesmal langanhaltende und von Massenarbeitslosigkeit begleitete Wirtschaftskrise einsetzte, rückte die sozial-liberale Bundesregierung sehr weit von ihren soeben noch proklamierten Reformvorstellungen ab. Aber dennoch war eine starke gesellschaftliche Strömung entstanden, die nach links wies und die Grundvoraussetzungen für die weitere politische und kulturelle Entwicklung der Bundesrepublik neu formulierte. Die ideologische Hegemonie war ein Stück weit von der Linken erobert worden.

C. Lange Stagnation und neuer Aufschwung der extremen Rechten

Mit dem Niedergang der NPD setzte eine lange Periode ein, in der die extreme Rechte auf niedrigstem Niveau (1 Prozent oder weniger) stagnierte. Sie dauerte mehr als eineinhalb Jahrzehnte, wurde aber dann - scheinbar plötzlich - von einem neuen Aufschwung abgelöst mit Wahlerfolgen, die noch über denen der NPD lagen. Es wäre aber allzu kurzschlüssig, den neuen Aufschwung ganz unmittelbar aus der politischen und sozialen Lage der Jahre 1988/89 abzuleiten. Man muß sich schon genauer ansehen, welche Veränderungen sich seit Beginn der 70er Jahre in der Bundesrepublik (und darüber hinaus) vollzogen haben, um sowohl die lange Stagnation wie den neuen Aufschwung der extremen Rechten erklären und in ihrem Stellenwert beurteilen zu können.

1. Linke Bewegungen - soziale Umbrüche - ideologische Folgen

a. Demokratisierungspotentiale

Für die außerparlamentarischen Bewegungen vom Ende der 60er Jahre und Beginn der 70er Jahre war das Selbstverständnis als antifaschistisch schlechthin konstitutiv. Dieses Selbstverständnis gab der wissenschaftlichen Faschismusdiskussion, dem Schulunterricht und der politischen Publizistik - besonders in Rundfunk und Fernsehen - eine neue Richtung. Der Antifaschismus prägte aber auch das politische Selbstverständnis der Gewerkschaften sehr viel nachdrücklicher als vorher. Die Art und Weise, wie seither Jahrestage wie der 8. Mai, später auch der 9. November

begangen wurden, welche große Zahl von Initiativen in den Städten und Stadtteilen hier mitwirkten – dies alles zeigt, daß sich im politischen Selbstverständnis breiter Schichten der Bevölkerung etwas verändert hatte.
Im Verlaufe der 70er Jahre wuchsen zugleich zwei Bewegungen heran, die zu einer Neukonstituierung von Politik und Politikverständnis auf ganz andere Weise beigetragen haben: *Ökologiebewegung* und *Frauenbewegung* haben innerhalb von kaum einem Jahrzehnt zu einem wirklichen Umbruch in den vorherrschenden Denkmustern geführt. Es sind dies zugleich die beiden Bereiche des Denkens, in denen der Bruch zwischen den Generationen besonders tief ist. Hier ist die Art und Weise, Politik und Gesellschaft, Natur und Alltagsleben zu betrachten und zu bewerten, bei der jüngeren Generation in solcher Tiefe und solcher Breite umgeformt worden, daß keine der großen Parteien, keine Zeitung und keine Illustrierte mehr umhinkommt, darauf – mindestens dem Anschein nach – einzugehen.

Beide Motive sind nun keineswegs direkt auf die Faschismusfrage bezogen. Und doch kommt ihnen ein erhebliches Gewicht auch für diese Frage zu. Einerseits sind beide Bewegungen nur denkbar auf der Grundlage jenes Verständnisses von Emanzipation und Demokratisierung, wie es von der 68er-Bewegung formuliert worden ist. Und dies stand und steht ja von vornherein im prinzipiellen Gegensatz zur extremen Rechten. Andererseits sind die Aktivitäten beider Bewegungen darauf gerichtet, mehr Möglichkeiten für Selbstentfaltung, für Eigenaktivitäten, also »mehr Demokratie« zu schaffen. Die Emanzipation der Frau hat darüber hinaus einen direkt antifaschistischen Akzent: Ist doch der Faschismus diejenige Ideologie und diejenige Herrschaftsform, die das konservative Verständnis von Frau und Familie besonders konsequent repräsentiert und jedem Emanzipationsanspruch von Frauen unmittelbar ins Gesicht schlägt. Erst im Kontext dieser Frauenbewegung – 30 Jahre nach dem Ende des Faschismus! – begann die Forschung über die Lage der Frauen im Faschismus, und diese Forschung war eindeutig antifaschistisch akzentuiert.

Es liegt auf der Hand, daß beide Bewegungen – und die von

ihnen bewirkten Mentalitätsveränderungen – geeignet sind, die antifaschistischen Potentiale in der Bundesrepublik bedeutend zu verstärken. (Das gilt auch dann, wenn man berücksichtigt, daß die extreme Rechte mindestens in der Ökologiefrage versucht, Anknüpfungspunkte zu finden – und dies nicht ganz ohne Erfolg; und daß es in der Frauenbewegung eine Strömung gibt, die »das Wesen der Frau« als »von Natur aus« dem des Mannes entgegengesetzt auffaßt und damit dem konservativen und faschistischen Frauenverständnis sich nähert.[44])

Mächtig an Boden gewann auch der *Antimilitarismus.* Das Feindbild von der »Gefahr aus dem Osten« hatte schon seit der Mitte der 60er Jahre und dann durch die sozial-liberale Entspannungspolitik an Wirkungskraft eingebüßt. Und damit hatte ein zentrales Motiv rechter und rechtsextremer, autoritärer und militaristischer Ideologie an Kraft verloren. Das erwies sich, als 1979/80 die Unionsparteien F. J. Strauß als Kanzlerkandidaten nominierten und zugleich die neue US-Regierung unter Reagan zur Politik harter Konfrontation mit der Sowjetunion zurückzukehren und zu diesem Zweck das Territorium der Bundesrepublik als Abschußrampe für ihre atomaren Mittelstreckenraketen zu benutzen entschlossen war.

Zum ersten Mal in der Geschichte der Bundesrepublik formierte sich gegen den Kanzlerkandidaten der Rechten, der seit Jahrzehnten sich als Exponent militaristischer und autoritärer Politik profiliert hatte, eine breite außerparlamentarische Bewegung *(»Stoppt Strauß«)*, der eine beachtliche Mobilisierung gelang. Dieses Potential konnte dann – nachdem Strauß bei den Bundestagswahlen im Herbst 1980 in der Tat »gestoppt« worden war – eingebracht werden in die Volksbewegung gegen die Stationierung der Atomraketen. Dieser *Friedensbewegung* gelang eine Mobilisierung, wie sie bis dahin die Bundesrepublik noch nicht gesehen hatte. Millionen von Menschen gerieten in Bewegung, engagierten sich für Frieden und Abrüstung und nahmen den Kampf auf gegen alle im Bundestag vertretenen Parteien und gegen den allergrößten Teil der ideologischen Apparate, die sämtlich für die Stationierung der Raketen eintraten. In der Bevölkerung und besonders in der jungen Generation wuchsen die

Kenntnisse über die Wirkungsweise moderner Waffensysteme, über die globalstrategischen und ökonomischen Interessen, die damit verbunden waren, und über die sozialen Kosten im eigenen Land und in den Ländern der Dritten Welt.

Diese Friedensbewegung hat die Bundesrepublik tiefgreifend verändert. Das Feindbild von der »Gefahr aus dem Osten« zerbröckelte. 1984 sahen 47% bereits keine solche Gefahr mehr, und 1988 war dieser Anteil auf 75% angewachsen. Nur 10% halten einen militärischen Schutz noch für notwendig.[45] Die Skepsis gegenüber Militär und Aufrüstung ist zur vorherrschenden Überzeugung geworden. Und in der jungen Generation hat ein Antimilitarismus an Boden gewonnen, der nicht einfach gleichgültige Ablehnung beinhaltet, sondern prinzipiellen Charakter angenommen hat: Die Zahlen der Wehrdienstverweigerer sind rapide angewachsen. Mehr als 40% der Jugendlichen vertreten die Ansicht, daß Soldaten »potentielle Mörder« sind. Dieser Antimilitarismus hat durch die Regierung Gorbatschow und ihre Abrüstungsoffensiven sicherlich Auftrieb erhalten. 82% waren Ende 1988 überzeugt, daß die Sowjetunion es »ernst« meine mit ihrer Entspannungspolitik.[46] Aber die Wurzeln dieser Veränderung reichen tiefer, was man schon an der zeitlichen Abfolge erkennen kann: Im Winter 1980/81 begann die Friedensbewegung, sich zu formieren, 1982/83 erreichte sie in großen Demonstrationen ihren höchsten Grad aktueller Mobilisierung – und 1985 erst kam Gorbatschow an die Macht.

Diese Veränderungen betreffen die Grundlagen des Weltbildes besonders der jungen Generation. Daß insbesondere dieses veränderte Bewußtsein in der Frage Krieg/Frieden geeignet ist, das demokratisch-antifaschistische Potential zu stärken, liegt auf der Hand.

b. Bedrohungen – Umbrüche – Werthaltungen[47]

Seit den 70er Jahren haben sich jedoch in globalem Maßstab wie auch an der gesellschaftlichen Basis der entwickelten kapitalistischen Länder Veränderungen vollzogen, deren Auswirkungen auf das politische Bewußtsein sehr viel weniger eindeutig sind. Es können daraus sogar ausgesprochen bedrohliche Wirkungen entstehen, die auch der extremen Rechten neue Ansatzpunkte liefern könnten.

Die Erfahrung, daß unkontrollierbare Mächte von außen in das eigene Leben entscheidend eingreifen, war von Anfang an ein Ansatzpunkt für konservative, autoritäre und faschistische Ideologien. Die Erfahrung eigener Ohnmacht verschafft dem Ruf nach der Rettung von oben, durch »Gott« oder »Kaiser« oder »Tribun«, durch einen starken Staat oder einen starken Führer, erst seine Glaubwürdigkeit. Das wurde im *Ersten Teil* bereits dargestellt.

Die fortschreitenden Prozesse weltweiter Umweltzerstörung ebenso wie die – trotz aller Abrüstungsbemühungen – weiter vorangetriebene irrsinnige Aufrüstung lassen nun ein Bild von Gegenwart und Zukunft entstehen, das von unabsehbaren *Bedrohungen und Vernichtungsgefahren* geprägt ist. Diese Bedrohungsängste sind selbst im Alltag so stark spürbar, daß auch viele Kinder schon davon ergriffen sind und sich fürchten vor der Zerstörung der natürlichen und der menschlichen Lebensbedingungen.[48] In der Tat sind die Katastrophen, die der Menschheit gegenwärtig drohen, von absolut neuen und unvorstellbaren Ausmaßen. Wo ist da noch Hoffnung?

Aus solchen Stimmungen können energische Aktivitäten hervorgehen, sofern die Individuen Chancen von Gegenwehr sehen, anders gesagt: sofern es den sozialen und demokratischen Bewegungen gelingt, sich als eine handlungsfähige Kraft darzustellen und die nach einem Ausweg suchenden Individuen in ihre Aktivitäten zu integrieren. Das ist bisher in beachtlichem Maße gelungen. Aber es ist eine schwere Aufgabe, die sich tagtäglich neu stellt: nicht nur deshalb, weil die Erfahrung, daß man gemeinsam etwas machen und bewirken kann, immer wieder an die Jüngeren vermittelt werden muß; sondern auch deshalb, weil auch die schon Engagierten angesichts der übermächtig erscheinenden Gefahren ständig von Frustration bedroht sind. So blieb – nach dem Beschluß über den Abzug der Atomraketen – selbst innerhalb der Friedensbewegung eine starke Stimmung bestehen, daß dies gar kein Erfolg, sondern nur ein neues Betrugsmanöver der Herrschenden sei.

Aus solchen Strömungen können aber auch, wenn die Ursachen im dunkeln bleiben und also Ansatzpunkte für eigenes zielgerichtetes Handeln nicht erkennbar sind, ganz andere Verhaltensweisen sich ergeben: Entweder resignative, die allenfalls im privaten Dasein oder in der beruflichen Karriere Trost und Erfüllung suchen, oder eben politisch reaktionäre. Die bekannten »Lösungen«, die die (extreme) Rechte auf fundamentale existentielle Verunsicherungen anbietet, lassen sich natürlich auch auf das Bedrohungsgefühl neuer Art beziehen: Entweder man beschränkt sich aufs Beten und aufs Vertrauen zu den »berufenen Führern«, wie es die konservative Ideologie nahelegt. – Oder man drängt zum Handeln. Dann muß aber klar sein, wer Freund ist und wer Feind ist. Wenn alles wankt und überall Gefahren lauern, dann muß man wissen, wohin man gehört. (Carl Schmitt, der führende Staatstheoretiker des deutschen Faschismus, bestimmte diese Fähigkeit, Freund und Feind zu unterscheiden, als das »Wesen des Politischen« – und dieser Carl Schmitt hat in der großbürgerlichen Presse und der konservativen Intelligenz seit einiger Zeit wieder mächtig Konjunktur.) Wie dabei der Feind konkret bestimmt wird, ob Juden, Türken oder Asylanten, Franzosen oder Russen im Zentrum stehen, hängt natürlich auch von der konkreten Lage ab.

Die *gesellschaftlichen Entwicklungen*, die sich in den entwickelten kapitalistischen Ländern besonders seit den 70er Jahren vollzogen, werden nicht zu Unrecht mit Begriffen wie »Revolution« oder *»Umbruch«* gekennzeichnet. Sie haben in der Tat sowohl die Arbeits- und Lebensbedingungen wie auch die vorherrschenden Wertvorstellungen grundlegend verändert. In der Bundesrepublik als einem der industriell modernsten und potentesten Länder haben diese Veränderungen besonders starke Wirkungen erzeugt.[49]

Die Umbrüche in den realen Arbeits- und Lebensbedingungen sind ziemlich eindeutig zu erkennen. Die kulturellen und – im engeren Sinne – politischen und ideologischen Auswirkungen sind jedoch alles andere als eindeutig. Die objektiven Bedingungen lassen sehr unterschiedliche Folgen zu – und welche Folgen tatsächlich eintreten werden, hängt auch wesentlich vom Handeln der gegenwärtigen Generation ab.

Die objektive Seite besteht vor allem in folgenden Entwicklungstrends:

1. Der Produktionsprozeß ist wesentlich komplizierter geworden und fordert ein wesentlich höheres Ausmaß sowohl an Qualifikation und abstrakten Kenntnissen wie auch an Kreativität und individuellen Entscheidungskompetenzen bei einer wachsenden Zahl von Arbeitskräften.

2. Der gesellschaftlich produzierte Reichtum hat ein Ausmaß erreicht, das vorangegangenen Generationen gänzlich unvorstellbar erschienen wäre. Er hat auch der Mehrheit der Bevölkerung ein bis dahin nicht gekanntes Maß an materieller Bedürfnisbefriedigung (Essen, Trinken, Wohnen, Kleidung, Reisen) ermöglicht. Die Gewerkschaften haben zudem Verkürzungen der Wochen-, Jahres- und Lebensarbeitszeit erkämpft und damit erweiterte Freiräume für die Entfaltung kultureller Bedürfnisse geschaffen.

3. Sowohl die Erfordernisse höherer beruflicher Qualifikation wie auch die verbesserten Möglichkeiten – die finanziellen, aber auch die psychologischen – haben bewirkt, daß ein wesentlich höherer Anteil der Bevölkerung sich eine Fach- und Hochschulausbildung aneignet. Lebensgeschichtlich gesehen wurde also der Teil des Lebens, der dem Berufsleben vorgelagert ist, beträchtlich länger und, bezogen auf das gesamte Leben, gewichtiger. »Trotz unterschiedlich verteilter Konsumchancen ist davon auszugehen, daß auch für den Arbeiterklassen-Nachwuchs in Grenzen ein – 'Leben vor der Arbeit' – möglich geworden ist.«[50]

4. Diese aus dem Produktivkraftsystem hervorgehenden Entwicklungstrends aber werden natürlich durch die Eigentumsverhältnisse, d. h. durch die kapitalistischen Verwertungsbedingungen, mitgeprägt. Das führt zu einer ganzen Reihe von *sozialen Widersprüchen*, von denen mindestens zwei hier benannt seien:

a) Das Arbeitskräftepotential wird nicht koordiniert ausgebildet und beschäftigt, so daß ständig Über- wie auch Unterqualifikationen und außerdem einfach Falschqualifikationen (gemessen an der Nachfrage) massenhaft auftreten; und ebenso Massenarbeitslosigkeit bei gleichzeitig scharfer Inanspruchnahme der Beschäftigten, gegen deren Arbeitszeitverkürzung die Unternehmer mit aller Kraft ankämpfen.

b) Der hohe materielle Lebensstandard der Mehrheit der Bevölkerung kontrastiert mit starken Tendenzen zur (materiellen und psychischen) Verelendung bei beträchtlichen Minderheiten. Davon sind solche Gruppen und Schichten betroffen, die aus dem Beschäftigungssystem über längere Zeit herausfallen und im Gefolge davon auch oft aus dem »sozialen Netz«. Das betrifft zwar im besonders starken Maße unqualifizierte und ältere Arbeitskräfte sowie alleinerziehende Mütter. Aber diese Bedrohung macht auch vor hochqualifizierten und jüngeren Arbeitskräften nicht halt. Im Jahre 1985 verfügten 57% der 20- bis 25jährigen Arbeitslosen über eine abgeschlossene Berufsausbildung. Die Hochschulabsolventen liegen mit 5,7% fast auf dem Arbeitslosenniveau der übrigen Arbeitskräfte. Im Jahre 1982 waren 2,3 Millionen amtlicherseits als »arm« ausgewiesen. Davon waren 28% (628.000) jünger als 18 Jahre. An den Arbeitslosen sind die unter 20jährigen mit 26% beteiligt.[51]

Widersprüchlich sind also auch die Erfahrungen, die auf die Bevölkerung einstürmen. Und enorm gesteigert treten diese Widersprüche für die jüngere Generation auf, die im Beschäftigungssystem noch nicht hat Fuß fassen können und die Situation der Vollbeschäftigung aus eigener Erfahrung gar nicht mehr kennt. Da sind einerseits stark verbesserte Möglichkeiten für Bildung, Qualifikation und Freizeit und – damit verbunden – auch für die Reflexion, für Experimente in Lebensformen, Partnerbeziehungen, kulturellen und politischen Aktivitäten usw.; also gesteigerte Möglichkeiten der Selbstbestimmung und Selbstentfaltung, von Individualität und Freiheit.

Da ist aber andererseits die fundamentale Erfahrung, daß es keinerlei soziale Sicherheit gibt, keinerlei Möglichkeiten längerfristiger Lebensplanung – nicht einmal dann, wenn man allen Leistungs- und Prüfungsanforderungen des Qualifikationssystems genügt. Flexibilität und Verfügbarkeit wird gefordert – aber auf die Kriterien des Erfolges hat man selbst keinerlei Einfluß. Sie erscheinen als Schicksal – ebenso wie Konjunktur und Krise, der Gang von Politik und Gesellschaft insgesamt, von den globalen Risiken ganz zu schweigen.

Die rasche Veränderung der materiellen Produktivkräfte und der Arbeitstechnologien entwertet nicht nur ständig individualgeschichtlich erworbene Kenntnisse und Arbeitserfahrungen. Auch in die Beziehungen zwischen den Generationen greifen diese Veränderungen ein und entwerten die Erfahrungen und damit das gesellschaftliche Prestige der Älteren.

Die Weitervermittlung von Erfahrungen innerhalb des gleichen sozialen Milieus – ob Arbeiter-, Angestellten- oder Handwerkerfamilien – verliert dadurch an Gewicht. Allein schon deswegen lockern sich die Bindungen an das gegebene soziale Milieu. Diese Lockerung wird dadurch unterstützt, daß die Bedeutung der individuellen Qualifikation zunimmt und zugleich die tradierten sozialen Barrieren innerhalb des Bildungssystems ein Stück weiter abgebaut worden sind. Selbstverständlich dient auch das Ausbildungssystem der Gegenwart der Reproduktion einer arbeitenden und einer disponierenden und aneignenden Klasse. Doch die Klassenstruktur insgesamt ist erst in der Arbeitswelt selbst direkt erfahrbar, also viel später als früher. Lebensgeschichtlich geht die Einübung in die Rolle des »genußfreudigen, entscheidungsfähigen Konsumenten der Aneignung vom Produzentenbewußtsein voraus«.[52]

Die Folge von alledem ist jedenfalls, daß sich den Jüngeren vielfach der Eindruck aufdrängt, daß sie mit den Gleichaltrigen – egal welcher Herkunft – mehr gemein haben als mit der sozialen Klasse, aus der sie kommen. Also orientieren sie sich stärker an den Normen, Haltungen und Lebensstilen, die von dieser »Jugendkultur« repräsentiert werden, und weniger an ihrem Herkunftsmilieu. Das war in der Weimarer Republik noch wesentlich anders. Um dies an einem Beispiel zu verdeutlichen: Ein Junge aus einer Arbeiterfamilie in der Weimarer Republik gehörte vielfach einer Jugendorganisation der Arbeiterbewegung an. Er bewegte sich damit zwar ebenfalls in einer spezifischen Jugendkultur, doch in der Regel gelangte er von dort aus zur organisierten Arbeiterbewegung der »Erwachsenen«. Dieser Zusammenhang existiert nicht mehr. Die Jugendkultur besteht sozusagen »für sich«.

Auch für die Weitervermittlung gewerkschaftlicher und politischer Kampferfahrungen ergeben sich Probleme von völlig neuer Qualität in einer Lage, in der anscheinend beinahe täglich sich alles verändert darstellt und Kontinuitäten kaum erfahrbar sind. Die rasche Veränderung der Arbeitsbedingungen und Arbeitsanforderungen, die rasche Entwertung von Kenntnissen und Arbeitserfahrungen, die Notwendigkeit, sich flexibel gegenüber der rasch wechselnden Nachfrage zu verhalten – all dies begünstigt eine Lebenshaltung, die sehr verschieden ist von der vorangegangener Generationen: Das Leben erscheint nicht nur der individuellen Planung entzogen, sondern es erscheint überhaupt unstrukturiert, ohne Zusammenhang, nicht erkennbar in Etappen gegliedert, die mit einer gewissen Logik und Berechenbarkeit aufeinander folgen.

Untersuchungen haben gezeigt, daß der Zeitbegriff der jüngeren Generation[53] oft nicht mehr geprägt ist durch die Vorstellung einer kausal zusammenhängenden und deshalb begreifbaren Aufeinanderfolge verschiedener Ereignisse und Stufen, sondern eher durch die eines Hin und Her, das der Beliebigkeit und dem Zufall unterliegt. Es ist offensichtlich, daß dieses Zerreißen von Kontinuitätserfahrung nicht nur die Vorstellung über das individuelle Leben, sondern auch den Begriff von Geschichte betrifft und Folgen hat für die Fähigkeit, in soziale und politische Prozesse einzugreifen.

Die Art und Weise, wie die Individuen, Klassen und Schichten die veränderten objektiven Bedingungen verarbeiten und welche Folgerungen für ihr Handeln sie daraus ziehen, ist durch diese Bedingungen selbst noch nicht festgelegt. Denn die Erfahrungen selbst sind ja, wie gezeigt wurde, in sich sehr widersprüchlich, und sie sind zudem unterschiedlich interpretierbar.

Unzweifelhaft ist eine allgemeine Tendenz zur *Individualisierung*: Das Selbersuchen, Selberfinden, Selbermachen erhält in der Werteskala einen ganz hohen Rang – sowohl in der Freizeit wie in der Ausbildung und in der Berufstätigkeit. Diese Individualisierung verbindet sich vielfach mit einer allgemeinen »linksalternativen Wertorientierung«[54]: Ökologie, Feminismus, Demokratisierung, Autonomie, Frieden. Deshalb können daraus relevante Demokratiepotentiale entstehen. In der Tat hat das Prinzip selbsttätiger Interessenwahrnehmung ja gerade die Periode seit der 68er-Bewegung geprägt: in Studenten- und Schülerbewegung, Bürgerinitiativen und neuen sozialen Bewegungen. Daraus kann sich eine Haltung entwickeln, die auch übergreifende gesellschaftliche und politische Strukturen nach dem Kriterium von Selbstbestimmung und Mitbestimmung beurteilt und zum Engagement in Emanzipationsbewegungen bereit ist – sofern diese Bewegungen selbst in ihren Kommunikationsformen, in ihrer Verfassung so beschaffen sind, daß man sich dort »einbringen« und mit seinen Bedürfnissen wiederfinden kann.

Es ist klar, daß von hier aus auch für gewerkschaftliche Forderungen nach Mitbestimmung und Arbeitszeitverkürzung Sympathie und Unterstützung entwickelt werden kann. Es ist aber auch klar, daß die Diskussions- und Entscheidungsstrukturen, die Art und Weise, wie man »miteinander umgeht« (auch in der Frage der Geschlechterbeziehung!), weder in den Gewerkschaften noch in den etablierten Parteien den Wertvorstellungen der jüngeren Generation entspricht. Die Abwendung großer Teile dieser Generation von allen »Großorganisationen«, gerade auch von den politischen Parteien, deren Tendenz zur »Vergreisung«, hat nicht zuletzt hier ihren Grund. Selbst die Grünen, obgleich wegen ihrer besonderen Genese (Entstehung aus einer antiautoritär geprägten außerparlamentarischen Umweltschutzbewegung) noch am wenigsten betroffen, haben hier ihre Probleme.

Die oben beschriebenen gesellschaftlichen Bedingungen, die Erfahrung von Krise und sozialer Unsicherheit als einer fundamentalen und dauerhaften Erfahrung können in Zusammenhang mit der Tendenz zur Individualisierung allerdings politisch auch ganz andere Folgen hervorbringen. Sie können die im Kapitalismus ohnehin tagtäglich erzeugte Ellenbogenmentalität zum rücksichtslosen Egoismus steigern, zur Konzentration auf die individuelle Existenz- und Karrieresicherung. Dies ist die Haltung, die die bürgerlichen Parteien und die neokonservativen Ideologien zu erzeugen und zu nutzen versuchen: »Leistung« sei gefordert – und lohne sich auch! Eliten seien herauszuselektieren aus der Masse der Bewerber in Schule, Hochschule und Beruf – und für sie winke eine prächtige Zukunft!

Wie aber reagieren die Vielen, die – solchen Ideologien folgend – zum Zuschlagen bereit sind und doch nicht zum Zuge kommen? Welcher Ausweg bleibt ihnen? Ist dies nicht genau die Konstellation, in der rechtsextreme Angebote zünden? Denn sie benennen in aller Klarheit Freund und Feind, und sie eröffnen Handlungsmöglichkeiten. Sie bieten auch denen Anerkennung und Selbstwertgefühl, die im Wettlauf um Geld und Karriere nicht mithalten können. »Ich bin stolz, ein Deutscher zu sein« – das ist als Aufnäher auf der Jacke von Jugendlichen, die über nichts verfügen, was in der bürgerlichen Gesellschaft Ansehen verschafft, auch ein verzweifelter Schrei nach Anerkennung und nach Menschenwürde.

Und selbst dann, wenn sich Jugendliche überhaupt nicht um Politik scheren und nicht einmal die Schuldigen der Misere wissen wollen, bleiben Angebote für sie attraktiv, die ihnen die Chance geben zu handeln, sich wenigstens in der Aktion als Subjekt zu erfahren und dafür auch noch die Anerkennung anderer zu spüren. Gehen solche Motivationen ein z. B. in Friedensdemonstrationen – sie gehen natürlich ein in alle Arten von Massenaktivitäten –, so besteht die Aussicht, daß sie politisiert, d. h. zum Begreifen ihrer eigenen Lage geführt werden können. Gelingt es jedoch der extremen Rechten, sie für ihre Zwecke zu aktivieren, so können sich auch daraus Zugehörigkeitsgefühle entwickeln, sogar solche, die zu terroristischen Einsätzen gegen den »Feind« (und gegen die eigenen Interessen) disponieren. Die Schlägerbanden nach dem Muster der SA, die faschistische Aktivitäten immer begleiten, zeigen, wohin diese Art der Identifizierung führen kann.

Wohin die Mehrheit der von Bedrohungsängsten ergriffenen Bevölkerungsgruppen, besonders der »Krisengeneration« der Jüngeren, sich politisch wenden wird, ist noch nicht ausgemacht. Es ist dies übrigens nie definitiv ausgemacht, sondern immer aufs neue Gegenstand politischen Ringens.

2. Die Modernisierung der Rechten

Zu Beginn der 70er Jahre sahen sich die Unionsparteien wie die extreme Rechte vor der Notwendigkeit umfassender Modernisierung. Die Unionsparteien, die seit 1949 ohne Unterbrechung über die Regierungsmacht in Bonn verfügt hatten, waren 1969 durch die sozial-liberale Koalition abgelöst worden und hatten die Regierungsmacht auch in den Bundestagswahlen von 1972 nicht zurückgewinnen können. Dieser Schock saß tief, und er löste große Anstrengungen aus, die Partei zu modernisieren, so daß sie an »Schlagkraft« entschieden gewann.

Die extreme Rechte hatte nach dem ersten Aufschwung 1966–69 einen ebenso raschen Niedergang erlebt und war zu Beginn der 70er Jahre aus nahezu allen Parlamenten wieder verschwunden. Dieser Niedergang löste heftige innere Flügelkämpfe und ideologische Kontroversen aus, die Struktur und Ideologie auch der extremen Rechten tiefgreifend verändert haben. So gerät die gesamte Rechte nun mächtig in Bewegung.

a. Die CDU

Die CDU wurde nach 1972 organisatorisch und ideologisch wesentlich umgestaltet. Der Parteiapparat wurde ausgebaut und professionalisiert. Erst jetzt wurde die CDU wirklich von einer Honoratioren-Partei zu einer modernen Mitgliederpartei. Akademien und Zeitschriften wurden gegründet, konservative Intellektuelle wurden systematisch in die Parteiarbeit einbezogen.

Vor allem aber wurde das ideologische Profil der Partei modernisiert. Bisher hatte die CDU sich vor allem auf Bauern, kleine Selbständige, auf konservativ-katholisch geprägte Schichten und konservativ geprägte Frauen als Wähler konzentriert. Doch die Zahl der Kleineigentümer in Handel, Handwerk und Landwirtschaft schwand dahin, und die Integrationskraft des katholischen Milieus und der traditionellen konservativen Ideologie generell ließ sichtlich nach.

So orientierte die CDU sich stärker auf solche Sozialschichten, die den »modernen« Kapitalismus repräsentierten und die quantitativ im Wachsen begriffen waren, insbesondere auf die »neuen Mittelschichten« in den Dienstleistungsberufen, die für Leistungs- und Aufstiegsideologien ansprechbar waren. Das Grundmotiv konservativer Politik – die Notwendigkeit sozialer Abstufungen, von »oben« und »unten« – konnte beibehalten werden, sofern es mit der liberalen Ideologie von der Leistung als Differenzierungsmerkmal verbunden wurde. In der Tat stellt diese Verbindung ein Wesensmerkmal der liberalen Variante *neokonservativer* Modernisierung dar.[55]

Die CDU griff nun auch offensiv die Themen auf, die breite Bevölkerungsschichten bewegten und bisher fast ausschließlich von der Linken diskutiert worden waren: Von der Arbeitslosigkeit bis zur »Neuen Armut«, von der Umweltgefährdung bis zur Frauenfrage. Gerade weil die sozial-liberale Regierung sich in wachsendem Maße als unfähig erwies, die drängenden Probleme zu lösen, konnte die CDU sich allmählich wieder als diskutable Alternative präsentieren.

Zugleich aber wurden die konservativ und nationalistisch geprägten Anhänger in ihrer Überzeugung bestärkt, daß eine neue von der Union geführte Bundesregierung mit der Politik der Entspannung und der Anerkennung der Grenzen, also mit dem »nationalen Verrat« der sozial-liberalen Regierung, Schluß machen und daß sie nach innen »Ruhe und Ordnung« herstellen, also Unruhestifter (Gewerkschaften, Kommunisten, linke Intellektuelle) disziplinieren und auch die »Überflutung« und »Überfremdung« durch Ausländer energisch bekämpfen werde. Dies war die rechte Variante des Konservatismus. Modernisiert wurde sie durch die Herausarbeitung jener Version der »nationalen Identität«, die die staatliche Zusammenfassung aller Deutschen verlangte. Sie weist also auch in ihrer modernisierten Form Übergänge zur extremen Rechten auf.

Wie die in Aussicht gestellte Alternative allerdings konkret aussehen werde, wurde, solange die CDU Oppositionspartei war, nicht geklärt und brauchte auch nicht geklärt zu werden. Es war im Gegenteil sehr nützlich, den Begriff der »Wende«, der eine radikale Alternative versprach, so verschwommen zu halten, daß sich Viele Vieles darunter vorstellen konnten.

b. Die extreme Rechte

Die Auseinandersetzungen, die in der extremen Rechten nach dem Niedergang der NPD einsetzten, produzierten Spaltungen und Neugründungen, Bündnisse und neue Flügelkämpfe, aus denen allmählich eine Neuformierung in Umrissen erkennbar wurde.[56] Die Differenzen beziehen sich dabei sowohl auf die Ideologie wie auf die Methoden des politischen Kampfes.

1. Der parlamentarisch-legalistische Kurs wurde weiterhin von der NPD repräsentiert. Ideologisch hielt die NPD am traditionellen Nationalismus fest, mühte sich um Rehabilitierung des deutschen Faschismus und seiner Politik und sprach insbesondere die ältere Generation, die »Ewig-Gestrigen«, an. Ideologisch weithin mit der NPD einig sind die Kräfte um Dr. Gerhard Frey und die »Deutsche National-Zeitung«, die 1971 die Deutsche Volksunion (DVU) gründeten. Die DVU trat zwar anfänglich noch für eine starke NATO ein und empfahl die Unterstützung von F. J. Strauß und die Wahl der Union. (»Uns bleibt ja gegenwärtig nichts anderes übrig, als, um die Roten zu erledigen, die Schwarzen zu unterstützen.«[57]) Doch die Enttäuschung über die »Regierung der Wende« und wohl auch die Gründung der »Republikaner« (1983) führten zu einer Annäherung an die NPD. Seit 1987 konnten die vielfältigen Streitigkeiten zwischen beiden Organisationen weitgehend beigelegt werden, so daß es zu Wahlabsprachen und Wahlbündnissen kam. Die DVU war inzwischen auf 15.000 Mitglieder angewachsen.

2. Besonders jüngere Faschisten kritisierten sowohl die legale Taktik wie auch die praktische und ideologische »Laschheit« der NPD. Aus dieser Strömung gingen seit 1970 vielerlei terroristische Gruppen und Aktivitäten hervor. »Wehrsportgruppen« und »NS-Kampfgruppen«, vor allem aber die »Aktionsfront Nationaler Sozialisten« (ANS) des ehemaligen Bundeswehrleutnants Michael Kühnen. Nach deren Verbot gründete Kühnen mit der

Freiheitlichen Arbeiterpartei (FAP) – 1983 – eine Partei, die Legalismus und Terrorismus zu verbinden trachtet: Sie nimmt an Wahlen teil und agiert zugleich außerparlamentarisch wesentlich aggressiver als die NPD und DVU.[58] (Für diese Parteien wird dann gelegentlich ein »Saalschutz« zur Verfügung gestellt.) Die FAP versteht sich als »national-revolutionär« in der Tradition des Strasser-Flügels der NSDAP und der SA und wendet sich vor allem an (junge) Arbeiter, Hauptmobilisierungsmittel ist die Hetze gegen Ausländer. Auch andere Gruppen bildeten sich, die sich als »national-revolutionär« verstanden.

3. Die ideologische Modernisierung des Neofaschismus wird vor allem repräsentiert von der *Neuen Rechten*.[59]

Ideologisch hat die Neue Rechte den traditionellen, auf den Nationalstaat bezogenen Nationalismus über Bord geworfen und an seine Stelle einen auf Großeuropa bezogenen Nationalismus gesetzt. Das Konzept »Nation Europa« (so auch der Titel der Zeitschrift, die diese Ideen propagiert) trägt einerseits der Tendenz zur Herausbildung der Europäischen Gemeinschaft und deren Anspruch auf Durchsetzungsfähigkeit im globalen Konkurrenzkampf Rechnung. Andererseits bezieht es aber die osteuropäischen Völker ein und will deren »nationale Befreiung« fördern. Mit beiden Elementen knüpft die Neue Rechte an Bestrebungen an, die auf dem rechten Flügel der politischen und ökonomischen Führungsschichten bereits existent sind, faßt sie zu einer einheitlichen politisch-ideologischen Konzeption zusammen und verleiht ihnen eine aggressivere Ausprägung. Politisches Ziel ist die Formierung der »Dritten Weltmacht Europa« und die »Befreiung« von der »Besatzungsherrschaft« in Ost und West.

Theoretisch entwickelt die Neue Rechte den offenen Rassismus des früheren Faschismus weiter zu verfeinerten Formen, zum »Ethnopluralismus«. Dieser hält an der Zentralthese des Rassismus fest, daß die Unterschiedlichkeit der verschiedenen Menschensorten in Mentalität, Verhalten und Leistungsfähigkeit naturgegeben und also unabänderlich sei und daß Vermischungen zur Zerstörung der ethnischen Identität führen. Die Natur verlange also getrennte Entwicklung und habe dies in der Triebstruktur des Menschen auch verankert: durch den »Territorialtrieb«, der auf Abwehr alles Wesensfremden gerichtet sei. (Diese Vorstellung entspricht etwa dem in Südafrika praktizierten Apartheids-Modell.) Im Unterschied zum alten Rassismus wird die Verschieden*wertigkeit* der Völker und Rassen nicht offen verkündet, ist allerdings implizit enthalten. Mit dem Konzept des Ethnopluralismus, das Thesen der Biologie und der Verhaltensforschung einbezieht und sich als wissenschaftliche Erkenntnis auf modernstem Niveau ausgibt, wird die Neue Rechte auch höheren intellektuellen Ansprüchen gerecht und kann also eingreifen in den ideologischen Kampf um die Gewinnung der (jüngeren) Intelligenz. Studentische Burschenschaften fühlen sich bereits sichtlich angesprochen.

4. *Praktisch-politisch* wurde die internationale Kooperation intensiviert. Ausgehend von den theoretischen Bemühungen der Neuen Rechten in Frankreich wurden »Studiengesellschaften«, Zeitschriften und Akademien auch in der Bundesrepublik gegründet, die eine ideologische Vereinheitlichung der Rechten in Europa anstreben – und auf dieser Basis eine gesamteuropäische Ideologieoffensive.

Diese anspruchsvolleren Konzepte der Neuen Rechten zielen zwar in erster Linie auf Intellektuelle, können aber durchaus auch als Ideenspender für jene rechtsextremen Kräfte fungieren, die Massenmobilisierung anstreben. In der Weimarer Republik gelangten die von jungkonservativen Theoretikern (wie Moeller van der Bruck und Oswald Spengler) ausgearbeiteten Ideologiekonzepte in Gestalt der NSDAP – natürlich in vergröberter Form – dann zu enormer Wirksamkeit. Und so ist es kein Zufall, daß eben diese Theoretiker heute von der Neuen Rechten wieder aufgenommen werden.

Längerfristig muß also wohl damit gerechnet werden, daß die ideologische Gestalt der extremen Rechten geformt wird von den Konzepten der Neuen Rechten. Kurzfristig hat sich allerdings gezeigt, daß die These »Deutschland zuerst« vorläufig noch weit massenwirksamer ist und deshalb politisch auch noch dominiert. Das wird im Kapitel über die »Republikaner« zu begründen sein. Gerade diese Partei aber ist bereits im Begriffe, Ideen der Neuen Rechten in politische Agitation umzusetzen.

3. Die Regierung der »Wende« bereitet den Boden

Die Unionsparteien und die Regierung der »Wende« haben mindestens in zweifacher Weise Voraussetzungen geschaffen, die den neuen Aufschwung der extremen Rechten begünstigt haben.

1. Durch die am Vorbild der konservativen Regierungen Reagan und Thatcher orientierte Sozial- und Wirtschaftspolitik wurde die soziale Unsicherheit für breite Schichten der Bevölkerung wesentlich erhöht. Die Regierung Kohl weigerte sich strikt, effektive Arbeitsbeschaffungsprogramme einzuleiten und nahm die Arbeitslosigkeit bewußt in Kauf, um den »Kräften des Marktes«, d. h. faktisch den Eigentümern der Produktionsmittel, zur Dominanz zu verhelfen. Die sozialen Sicherungen wurden für einen rasch wachsenden Teil der abhängig Beschäftigten stark durchlöchert. Der Anteil derer, die über »normale« Arbeitsverträge verfügten, nahm schnell ab, während die übrigen auf mehr oder weniger ungeschützte Arbeitsverhältnisse verwiesen wurden. Diese Teilzeitarbeitskräfte und kurzfristig Beschäftigten, die vielfach ohne vollen Versicherungsschutz und ohne Kündigungsschutz bleiben, sind dem »Schicksal«, d. h. dem Kapital, in hohem Maße ausgeliefert. Auch die Zahl der Langzeitarbeitslosen wuchs ebenso an wie die der Sozialhilfeempfänger (im Herbst 1989 drei Millionen) und die Zahl derer, die von Amts wegen als »arm« anerkannt werden mußten (im Herbst 1989 sechs Millionen).[60] Der Kurs ging scharf in Richtung auf Zweidrittelgesellschaft.

Durch diese Politik wurde in breiten Bevölkerungsschichten einerseits die Angst vor dem Morgen wesentlich gesteigert und damit natürlich die Suche nach einem Ausweg und die Suche nach den Schuldigen. Zugleich aber wurde die Härte des Konkurrenzkampfes zwischen den Individuen weiter verschärft, wurden solidarische Denk- und Verhaltensformen zerstört, wurden sozialdarwinistische Instinkte entfacht. Den Arbeitskräften wie den Heranwachsenden wurde nicht nur durch Ideologie, sondern durch harte Realitäten eingebläut, daß jeder selbst sehen müsse, wo er bleibt, daß er auf seine eigenen Ellenbogen angewiesen sei und gegenüber den Anforderungen des Marktes, d. h. des Kapitals, sich »flexibel«, d. h. willig und untertänig, zu verhalten habe. In allen Bereichen von Wirtschaft und Gesellschaft veränderte sich das Klima – bis hinunter zum »Leistungskampf« und der Angst vor Versagen bei den Zwölfjährigen in der Schule. So schuf die Regierung der »Wende« sowohl soziale wie auch ideologische Verhältnisse, die rechtsextreme Kräfte begünstigten.

2. Die Unionsparteien hatten von Beginn ihrer Regierungszeit 1949 an die Wiedervereinigung und den Rückgewinn der »verlorenen Ostgebiete« als das oberste Ziel ihrer Politik proklamiert und damit nationalistische und revanchistische Denkmuster erhalten und genährt. In der Zeit der Großen Koalition (1966–1969), als diese Politik des Kalten Krieges international nicht mehr aufrecht zu erhalten war, hatten sie zwar vorsichtig Veränderungen eingeleitet. Doch nach dem Verlust der Regierungsmacht – nun als Oppositionspartei – nahmen sie wesentliche Elemente jener Ideologie des Kalten Krieges wieder auf. Tatsächlich konnten die Unionsparteien damit alle jene rechtsextremen Kräfte wieder integrieren, die sich 1966–1969 in Gestalt der NPD verselbständigt hatten. Die Unionsparteien bekämpften entschieden die Politik der Entspannung und der Anerkennung der Grenzen, die die sozial-liberale Regierung in die Wege leitete. Sie entfachten erneut alle jene nationalistischen Emotionen und Erwartungen. Und sie nährten die Hoffnung, daß diese Erwartungen eingelöst würden, wenn die Union wieder über die Regierungsmacht verfüge.

Auch innenpolitisch war die Hoffnung auf eine vollständige »Wende« erzeugt worden: auf wirtschaftlichen Aufschwung, auf Vollbeschäftigung, auf erhöhte soziale Sicherheit. Zugleich wurde die Meinung gefördert, daß es die Ausländer seien, die »den Arbeitsmarkt belasteten«, also schuld seien an der Arbeitslosigkeit. Und daß die Gewerkschaften durch ihre »überzogenen Ansprüche« die Krise verschärften und also gezügelt werden müßten.

Die in Aussicht gestellte »Wende« aber sollte zugleich eine »geistig-moralische« sein. Damit waren nicht nur das Leistungsmotiv und das Motiv der »nationalen Identität« angesprochen, sondern auch der § 218 und die Rolle von Frau und Familie generell: Hier verlangte der konservativ-katholische Fundamentalismus eine Wiederherstellung der »gottgewollten« moralischen Ordnung, die durch die Reform des § 218 und überhaupt durch die Emanzipationsansprüche der Frauen schwer bedroht sei.

Es waren also ganz unterschiedliche Hoffnungen, die mit dem Versprechen der »Wende« verbunden werden konnten. Ganz klar aber war, daß viele dieser Erwartungen von der Regierung der »Wende«, die dann im März 1982 gebildet wurde, nicht einzulösen waren. In der Ausländerfrage wurden zwar die Zuzugs- und Aufenthaltsbeschränkungen verschärft. Aber durchgreifende rabiate Maßnahmen, die dem Weltbild des rechten Flügels entsprochen hätten, konnten nicht ergriffen werden – schon deswegen nicht, weil die Unternehmer die ausländischen Arbeitskräfte benötigten und dies auch deutlich signalisierten. Aber auch in der öffentlichen Meinung gab es hier starke Barrieren. Eine wichtige Rolle kam dabei den beiden christlichen Kirchen zu, die sich in der Ausländerfrage stark engagierten. Die »christliche« CDU kann es sich in der Tat kaum leisten, in einer so zentralen ideologischen Frage in offenen Gegensatz zu den Kirchen zu geraten. So konnte die Union nicht einmal ideologisch so loslegen, wie es der rechte Flügel gern gesehen hätte. Die politische Mentalität der Bevölkerung, insbesondere die der jüngeren Generation, hatte sich aber inzwischen überhaupt so entwickelt, daß es zweifelhaft erscheinen mußte, ob offene Ausländerfeindlichkeit mehrheitsfähig war. Dies erwies sich, als die CDU – alarmiert durch den Wahlerfolg der »Republikaner« in Berlin im Januar 1989 – bei den nachfolgenden Kommunalwahlen in Hessen ganz auf Ausländerfeindlichkeit setzte und die extreme Rechte möglichst noch zu überbieten trachtete. Sie erhielt dafür die Quittung und fiel von 49,6% auf 36,6% zurück, während SPD und Grüne nach Westberlin nun auch die Stadt Frankfurt und andere Kommunen zurückgewinnen konnten. Zudem warfen in einem offenen Brief 134 Frankfurter Pfarrerinnen und Pfarrer dem damaligen CDU-Oberbürgermeister Brück vor, er schüre »Ängste, Vorurteile und Fremdenhaß, die sich letztlich gegen alle hier lebenden Ausländer wenden«. Weitere 270 kirchliche Mitarbeiter sowie 17 Frankfurter Hochschullehrer unterzeichneten diesen Brief.[61] Mehrheitsfähig also war diese Linie nicht. Und dennoch hatte die Agitation der CDU schlimme Folgen: Hetze gegen Ausländer war salonfähig geworden: »Bis auf das Komma genau«, habe die CDU die Parolen der NPD übernommen. »Daß die CDU nun die Ausländer in ihre Schranken weist, ist für uns ein großer Glaubwürdigkeitsgewinn« – so der NPD-Landessprecher vor der Wahl am 12.3.1989. (Die NPD erhielt 6,6%.)

Auch gegenüber den Gewerkschaften wurde nach 1982 der Druck verschärft, um ihre Handlungsfähigkeit einzuschränken, doch auch hier waren die Resultate begrenzt, reichten bei weitem nicht an die der Regierung Reagan und Thatcher heran und schon gar nicht an die Erwartungen des rechten Flügels. Der starke Widerstand einerseits, die Bindungen an rechtsstaatliche Normen, die auch eine Rechtskoalition nicht ohne weiteres aufheben konnte, andererseits setzten auch dieser Offensive Grenzen.

In der Frauen- und Familienpolitik sah sich die Union dem wachsenden Druck gegenüber, der von der Emanzipationsbewegung der Frauen ausging, die öffentliche Meinung wesentlich veränderte und auch in die Union selbst hineinreichte. Die CDU folgte schließlich der Diagnose ihres Bundesgeschäftsführers Heiner Geißler, daß die Union ihre Mehrheitsfähigkeit gänzlich verlieren würde, wenn sie hier nicht Konzessionen mache. So erlangte der Geißler-Süssmuth-Kurs die Oberhand, der das Frauen- und Familienbild der Union auf Modernisierung ausrichtete und wesentliche Grundlagen des bisher vorherrschenden konservativen Frauen- und Familienbildes preisgab.

Besonders offensichtlich aber war die Kluft zwischen den von der Union selbst erzeugten Erwartungen und der realen Politik der »Wende-Regierung« in der »nationalen Frage«. Internationale Realitäten wie auch die politischen Kräfteverhältnisse in der Bundesrepublik selbst (einschließlich der Wünsche »der Wirtschaft«) waren so beschaffen, daß die Regierung Kohl sich genötigt sah, die Politik der »Normalisierung« gegenüber der DDR und die Politik der Anerkennung der Grenzen gegenüber Polen fortzusetzen. Es kam sogar dahin, daß Honecker zum Staatsbesuch in Bonn empfangen, daß die »Spalterflagge« gehißt und die »Spalterhymne« gespielt wurde.

Schließlich mußte auch dem seit 1982 rasch um sich greifenden Willen der Bevölkerung nach Entspannung und Abrüstung Rechnung getragen werden. Der Zerfall des Feindbildes von der »Gefahr aus dem Osten«, das jahrzehntelang das Weltbild der großen Mehrheit der Bevölkerung bestimmt hatte, schritt nun rasch voran. Und die Abrüstungsoffensiven der Regierung Gorbatschow, die 1985 einsetzten, beschleunigten diesen Prozeß. Die Bundesregierung versuchte bis zuletzt, das Abkommen über den Abzug der Mittelstreckenraketen zu verhindern, scheiterte jedoch und sah sich schließlich mindestens in ihren ideologischen Bekundungen zu beträchtlichen Konzessionen genötigt.

Dies alles mußte denen, die an die nationalistische und militant rechtskonservative Ideologie geglaubt hatten, schlichtweg als »Verrat« erscheinen: als Verrat an den christlich-konservativen Grundlagen der Weltanschauung, als Verrat an den »nationalen« Interessen, aber auch als Verrat an den Notwendigkeiten, einen starken, voll handlungsfähigen Staat herzustellen, der zur Durchsetzung im internationalen Konkurrenzkampf alle Kräfte zusammenzufassen in der Lage war.

So wuchs nach 1982 allmählich auf der Rechten ein Potential von Unzufriedenheit heran, das sich von der Politik der »Wende-Regierung« nicht mehr repräsentiert fühlte. Die Opposition artikulierte sich zunächst innerhalb der Unionsparteien selbst. Seit 1984 entfachten Politiker, Wissenschaftler und Publizisten der Rechten eine breitangelegte Debatte über die »nationale Identität« der Deutschen.[62] Hier wurde dem Publikum eindringlich vor Augen geführt, daß die Deutschen nunmehr dringend eines nationalen Identitätsbewußtseins bedürften: sowohl zur Steigerung des Arbeitswillens, um die Position der Bundesrepublik im internationalen Konkurrenzkampf zu stärken, wie auch zur Festigung des Wehrwillens, der angesichts der »Gefahr aus dem Osten« nach wie vor dringend erforderlich sei. Ohne nationales Identitätsbewußtsein könne ein Volk auf die Dauer nicht bestehen. Aber, so die These des rechten Flügels, dieses Identitätsbewußtsein dürfe sich nicht auf die Bundesrepublik beschränken, sondern müsse sich auf alle Deutschen beziehen, also mindestens die in der DDR, möglichst aber auch die in den »verlorenen Ostgebieten« einbeziehen.

Mit dieser Debatte, an der sich bekannte Repräsentanten der Unionsparteien beteiligten, war der Nationalismus wieder salonfähig gemacht worden. Zugleich wurden von offiziellen Repräsentanten unionsgeführter Regierungen des Bundes und der Länder insbesondere auf Vertriebenentreffen Forderungen erhoben, die weit nach Ost-Mittel-Europa hineinreichten. Schließlich verkündete sogar die Bundesregierung insgesamt – nach längeren inneren Auseinandersetzungen – die Formel »Schlesien bleibt unsere Zukunft«.

Solche Forderungen waren nicht neu. Sie entsprachen der Politik der Unionsparteien seit Beginn des Kalten Krieges, waren aber durch die sozial-liberale Entspannungspolitik in den Hintergrund gedrängt worden. Nunmehr traten sie wieder nach vorn, flankiert von ideologischen Offensiven auch in der Kultur- und Bildungspolitik. So ordnete der Kultusminister von Baden-Württemberg, Maier-Vorfelder, an, daß die Schüler die erste Strophe des Deutschlandliedes zu lernen und zu singen hätten. Hier heißt es nicht nur »Deutschland, Deutschland über alles« – eine Formel, die angesichts der deutschen Vergangenheit schon schlimm genug ist, aber vielleicht auch harmlose Interpretationen zuläßt. Sondern es heißt hier auch: »Von der Maas bis an die Memel, von der Etsch bis an den Belt«. So wird schon den Schulkindern suggeriert, daß dies ihr Vaterland sei – oder anders gesagt: daß dies alles »uns« gehört.

Gleichzeitig wurde – mit der »Historiker-Debatte«[63] – eine Revision des Geschichtsbildes in Angriff genommen, die darauf zielte, den deutschen Faschismus und seine Politik in freundlicheren Farben zu malen, vor allem den Kampf gegen die Sowjetunion als gerechtfertigt und notwendig für die Verteidigung der europäischen Kultur darzustellen. In diesem Geschichtsbild erschien der Faschismus sozusagen als ein Vorläufer der NATO, die nunmehr die gleiche Frontstellung einnehme. Ihren symbolischen Ausdruck fand diese Wende, als Kohl und Reagan sich in Bitburg gemeinsam verneigten vor den Gräbern nicht nur der

Wehrmacht, sondern auch der Waffen-SS, also derjenigen Kräfte, die den Krieg gegen den »Feind im Osten« getragen hatten. Dies bedeutete sichtlich eine Annäherung an die Interpretation der Neuen Rechten, für die die Einheiten der Waffen-SS »europäisch-antibolschewistische Verbände« sind.[64]

Diese von konservativen Historikern, aber auch von führenden Politikern wie Strauß und Dregger getragene ideologische Offensive war verbunden mit der Forderung, endlich einen Schlußstrich zu ziehen unter die faschistische Vergangenheit, damit die Bundesrepublik sich mit aller Kraft der Zukunft widmen könne. Denn der Bundesrepublik komme angesichts ihrer ökonomischen und militärischen Potenz eine Führungsrolle in Europa zu. Für die Entfaltung einer solchen neuen Machtpolitik aber sei die Erinnerung an die NS-Vergangenheit ein ständiges Hindernis. Die Bundesrepublik müsse deshalb endlich heraustreten aus dem »Schatten Hitlers« (F. J. Strauß).

Die Offensiven des rechten Flügels aber vermochten es nicht, innerhalb der Unionsparteien die Dominanz zu erlangen. Die Realitäten – die internationalen wie auch die sozialen und ideologischen Kräfteverhältnisse in der Bundesrepublik – erlaubten es der Regierung Kohl nicht, auf dessen Forderungen einzugehen. Im Historikerstreit nahm der Bundespräsident von Weizsäcker selbst Stellung – und zwar ganz offen gegen die Thesen der Rechten. Und auch die von Außenminister Genscher repräsentierte Außenpolitik stand ihren Forderungen klar entgegen. Bundeskanzler Kohl selbst versuchte, die wachsende Kluft innerhalb der Union zwischen den Forderungen der Rechten und dem Geißler-Süssmuth-Weizsäcker-Kurs durch einen Spagat zu überbrücken, veranstaltete das Ritual von Bitburg, verglich Gorbatschow mit Goebbels und nannte die DDR ein Konzentrationslager. Es war aber allzu deutlich, daß dieser verbalen Kraftmeierei keine Taten folgten.

Und dennoch erzeugte die ideologische Mobilisierung des rechten Flügels der Union schwerwiegende Folgen. Seit der Bildung der Regierung der »Wende« wurden hier Ideologien produziert, die dem Weltbild der extremen Rechten sehr nahe kamen und teilweise mit ihm zusammenflossen. Diese ideologische

Offensive stellte einerseits eine Kritik an der Regierung Kohl dar, die die vollständige »Wende« versprochen, aber nicht durchgesetzt habe, verstand sich also als Ansporn der Regierung von rechts. Andererseits hatten sich schon im Gefolge der »Modernisierung« der Rechten seit den 70er Jahren engere Kontakte zu Ideologen der extremen Rechten ergeben. Und diese Kontakte wurden nun, da der rechte Flügel der Union offensiv auftrat, bedeutend intensiviert: In Akademien und wissenschaftlichen Konferenzen, in Zeitungen und Zeitschriften traten Repräsentanten der Unionsparteien und Ideologen der Neuen Rechten gemeinsam auf und entwickelten politisch-ideologische Konzepte, die vielfach ineinander übergingen.[65]

Thesen über den deutschen Faschismus und seinen Krieg, die jahrzehntelang nur von der extremen Rechten vertreten worden waren, erschienen nun als »anerkannt« von angesehenen Repräsentanten der etablierten Wissenschaft und der offiziellen Politik. Konzepte über »nationale Identität« und über das Verhältnis der Völker zueinander, über Ausländerprobleme und »Ethnopluralismus« wurden gemeinsam diskutiert und erhielten die Aura von wissenschaftlichem Rang und politischer Normalität. Die Formierung einer politischen Partei, die entschieden rechtsextrem ausgerichtet war und zugleich den Anschein von Seriosität erwecken konnte, war nun bestens vorbereitet. Aber auch die Übergänge zu neofaschistischer Ideologie waren nun ganz fließend geworden, und eindeutig neofaschistische Parteien waren in einem gewissen Maße einbezogen in diesen Prozeß der Anerkennung rechtsgerichteter Denkmuster.

D. Die extreme Rechte gewinnt an Boden: Die »Republikaner«

So waren also seit längerem mancherlei Potentiale erzeugt und verstärkt worden, die für die extreme Rechte ansprechbar waren: sowohl soziale Bedrängnisse und Bedrohungsgefühle wie auch ideologische Bedürfnisse nach Ruhe und Ordnung, nach dem starken Staat und nach nationaler Identifikation. Rechtsextreme, zum Teil sogar ausgesprochen faschistische Ideologieelemente blieben in ziemlicher Stärke präsent im politischen Bewußtsein der Bevölkerung.[66] Die Sehnsucht nach einem starken Führer und die Ansicht, der Nationalsozialismus sei im Grunde eine gute Sache gewesen und Hitler ein großer Staatsmann – wenn nicht der Judenmord und der Krieg gewesen wären –, blieben bei einer beachtlichen Minderheit der Bevölkerung lebendig. Es wurde sogar die Schlußfolgerung gezogen: »13% aller Wähler in der Bundesrepublik verfügen über ein geschlossenes rechtsextremes Weltbild«.[67]

Andererseits waren Demokratisierungspotentiale in verschiedenen gesellschaftlichen Bereichen seit dem Ende der 60er Jahre beträchtlich angewachsen – von der Studenten- bis zur Ökologiebewegung, von der Frauenbewegung bis zur Friedensbewegung. Es entstand ein politisches Klima, das eine deutlich antifaschistische Tendenz aufwies und die Artikulation der extremen Rechten stark hemmte. Auch die breit angelegten und resoluten Aktivitäten derer, die sich bewußt als Antifaschisten verstanden, trugen wesentlich dazu bei, daß die extreme Rechte sich nicht entfalten konnte. Dabei spielten Gewerkschafter besonders der jüngeren Generation und die »Vereinigung der Verfolgten des Naziregimes – Bund der Antifaschisten«, die die Generationsgrenzen der ehemals Verfolgten hatte überwinden und Jüngere hatte einbeziehen können, eine zentrale Rolle.

Seit 1974 hält nun die Massenarbeitslosigkeit samt all den

damit verbundenen Bedrohungsängsten an, und sowohl die sozialdemokratisch geführte Regierung Schmidt wie auch dann – seit 1982 – die von der Union geführte Regierung erwies sich als unfähig, damit fertig zu werden. Und dennoch kam die extreme Rechte bis 1988 nicht zum Zuge. Dies zeigt, in welchem Maße die demokratischen und antifaschistischen Tendenzen in der Bundesrepublik sich stabilisiert hatten.

Erst seit 1987 gelang der extremen Rechten ein Aufschwung. Von ihm profitierten auch die traditionellen neofaschistischen Parteien NPD und DVU: Die DVU erhielt bei den Bremer Wahlen im September 1987 3,4% und damit – wegen der gesonderten Auszählung der Stimmen in Bremerhaven, wo sie 5,4% erhalten hatte – ein Mandat in der Bürgerschaft. Bei den Landtagswahlen in Baden-Württemberg am 20. März 1988 erhielt die NPD – im Bündnis mit der DVU – 2,1%. Bei den hessischen Kommunalwahlen am 12.3.1989 konnte die NPD ins Frankfurter Stadtparlament (mit 6,6%) und in andere Kommunalparlamente einziehen. Bei den Wahlen zum Europaparlament (18.6.1989) bekam die DVU (im Bündnis mit der NPD) fast eine halbe Million Stimmen (= 1,6%). Auch bei den Kommunalwahlen in Baden-Württemberg am 22.10.1989 konnte die NPD in eine Reihe von Stadtparlamenten eindringen. Sogar die FAP erhielt bei den Europawahlen über 20.000 Stimmen – ein Zeichen für das Anwachsen auch des Gewaltpotentials.

Als weit attraktiver erwies sich jedoch bald eine neue Gründung: die »Republikaner«. Diese Partei hatte sich – bezeichnenderweise – 1983 als eine rechte Abspaltung von der CSU formiert, als eine Kampfansage gegen die als zu lasch und konzessionsbereit empfundene Politik der CSU-Führung in der Deutschland-Frage. In der Folge nahm sie alle wesentlichen Motive auf, die die Kritik der Rechten an den etablierten Parteien kennzeichnen. Und seit den Wahlen zum Westberliner Abgeordnetenhaus im Januar 1989, bei denen ihr mit 7,5% der Durchbruch gelang, bildet sie die eindeutig stärkste Kraft der extremen Rechten.

Die Formierung rechtsextremer Potentiale zu einer Partei, die stark an Mitgliedern und an Wählern zunimmt, und der Aufschwung der extremen Rechten generell stellen in der Tat eine neue Stufe dar. Es ist nämlich keineswegs gleichgültig, ob rechtsextreme Ideologieelemente in der Ideologie und der Politik von bürgerlichen Parteien existent sind oder ob sie sich zur selbständigen Kraft formieren. Dies wurde im *Ersten Teil* am Beispiel der NSDAP nachgewiesen.

Auch jetzt liegt der Unterschied darin, daß diese rechtsextremen Ideologieelemente bei den bürgerlichen Parteien vermischt sind mit liberalen, parlamentarisch-demokratischen, humanistischen und christlichen – und dadurch auch wesentlich relativiert werden. Die extreme Rechte aber löst die nationalistischen, rassistischen und antidemokratischen Ideologieelemente aus dieser Verbindung, »reinigt« sie sozusagen von diesen Beimischungen und verabsolutiert sie damit. Dies bedeutet eine Radikalisierung sowohl in ideologischer Hinsicht wie auch für das politische Handeln, denn die konsequent rechtsextreme Ideologie verlangt eine »konsequente« Praxis: die »rücksichtslose« Durchsetzung, d. h. die Realisierung der Postulate ohne Rücksicht auf Rechtsnormen, humanitäre Grundsätze – und im Ernstfall auch ohne Rücksicht auf Menschenleben.

Sowohl bei der ideologischen Radikalisierung wie auch bei der praktisch-politischen gibt es innerhalb der extremen Rechten Unterschiede – so wie es in der Weimarer Republik Unterschiede gab. Die Skala kann reichen von einem militanten Rechtskonservatismus bis zum offen terroristischen Faschismus. Diese Unterschiede wahrzunehmen, ist heute ebenso wichtig, wie es damals wichtig war – oder genauer: wichtig gewesen wäre. Nicht alles ist »Faschismus«, was sich rechts von der Union bewegt.

Mit welchen Aussagen und Versprechungen gewinnt nun die extreme Rechte ihre Wähler? Welche sozialen Gruppen und Schichten erweisen sich als besonders ansprechbar? Welche Gründe und Motive führen die Wähler insbesondere zu den »Republikanern«? Woher kommen deren Funktionäre? Wie ist der politische Charakter der Partei zu bestimmen? Welche Gegenstrategien sind erforderlich?

1. Programm und Ideologie

Lohnt es sich überhaupt, sich mit dem Programm der »Republikaner« zu beschäftigen? Für die Partei selbst scheint es so wenig gesicherte Aussage zu sein, daß die Programmatik dauernd geändert wird. In der kurzen Geschichte der »Republikaner« gab es bereits das recht ausführliche Gründungsprogramm vom November 1983, dann – gleichzeitig mit der Wahl Schönhubers zum Vorsitzenden – das knappe »Siegburger Manifest« vom Juni 1985. Im Mai 1987 wurde erneut ein umfangreiches Programm verabschiedet, das aber 1989 schon wieder als überholt bezeichnet wird; eine Neufassung soll Anfang 1990 beschlossen werden.

Bei den Wählern ist zu vermuten, daß diese die Programmatik nur in Ausnahmefällen kennen. Dies allerdings dürfte für die CDU oder die SPD kaum anders sein.

Dennoch ist es wichtig, die Grundelemente der Programmatik der »Republikaner« zu analysieren. Denn sie sind Teil ihrer Ideologie und Agitation und sagen Wesentliches aus über den politischen Charakter der »Republikaner«. Darüber hinaus wird so gezeigt, wie diese versuchen, Anhänger zu gewinnen. Der Dokumentenanhang enthält Material, das die folgenden Thesen veranschaulicht.

Programmatik und Agitation der »Republikaner« beziehen sich immer wieder auf drei zentrale Themenkomplexe:

An erster Stelle stehen die Nation, Nationalstolz, die Forderung nach der staatlichen Realisierung »deutscher Einheit«; dem zugeordnet ist die Forderung, das die Nation bildende »Volk« und dessen »Lebensraum« gesund zu halten. Das konservative Familien- und Frauenbild, Umweltschutzmaßnahmen und Ausländerfeindlichkeit sind diesem reaktionären Konzept des »gesunden Volkskörpers« untergeordnet.

Den dritten zentralen Komplex bildet das Staats- und Gesellschaftsverständnis, in dem die Menschen als Einzelkämpfer aufgefaßt werden, zugleich aber dem »Gemeinwohl«, über das ein autoritärer Staat wacht, verpflichtet sein sollen.

Grundmodell der »republikanischen« Agitation ist die Kombination von Katastrophismus und einfachen Lösungsangeboten. Mit dem Verweis auf Arbeitslosigkeit und Umweltzerstörung, auf Friedensgefährdung und die Veränderung der alltäglichen Lebensumwelt werden vorhandene Bedrohungsgefühle, Ängste und Elemente von Krisenbewußtsein aufgegriffen und zur lebensbedrohenden Krise übersteigert, um dann die hierfür angeblich verantwortlichen Feinde aufzuzeigen und mit dem Angebot von Selbstbewußtsein, Sicherheit und Gemeinschaft in der Nation einen vermeintlichen Ausweg aus Unsicherheit und Angst zu zeigen.

In »ganz Deutschland«, so das Programm, sei »die geistige und politische Kultur zunehmend verwahrlost, [werden] die Sitten mißachtet [...], und der Wille schwindet, die nationale Einheit wiederherzustellen. Durch eine gegenläufige Umerziehung der Deutschen in den Teilstaaten wächst die Entfremdung.« Die jungen Menschen seien »in eine Sinnkrise mit einem immer größer werdenden Verlust an ethischen Werten gestürzt worden.«[68] Da werden »soziale Anarchie«, Chaos und »kulturelle Öde« als Folge der Ausländerintegration beschworen.[69] Da wird ein von Deutschen entvölkertes, islamisches Deutschland als Ergebnis der Abtreibungsregelungen an die Wand gemalt[70], die historische Regel vom Untergang einer Gesellschaft, die den »linken Terror« dulde, aufgestellt[71], der »globale Holocaust« durch AIDS[72] oder die Ausrottung der Deutschen im Gefolge atomarer Abrüstung[73] prognostiziert. Waldsterben und Arbeitslosigkeit, lügende Politiker, sinkende Geburtenrate, Drogenabhängigkeit, Leistung verweigernde Schüler, Polizisten erschießende Chaoten und Politkriminelle, die Vergiftung und Vernichtung von Landschaft und Volkstum – all dies wird in einer von den »Republikanern« in Schleswig-Holstein verbreiteten Schreckensvision wild kombiniert und als »Zeichen einer tiefgreifenden Krankheit, die unser fortschreitend selbstentfremdetes Volk befallen hat«, gedeutet. Nur an einem Punkt liege für all das die Lösung: in der Deutschlandpolitik und einem neuen nationalen Selbstbewußtsein.[74]

Das Kernstück der Ideologie der »Republikaner« ist der *Nationalismus*. Er durchzieht und prägt Programmatik und Publikationen. »Deutschland zuerst«, »Deutsche Interessen haben Vorrang«, »Andere Völker achten wir, unseres aber lieben wir« – lauten die Losungen. Selbst die Menschenrechte werden zu Deutschenrechten: »Die Republikaner als eine deutsche Partei setzen sich für das Lebensrecht und die Menschenrechte aller Deutschen im Sinne des Grundgesetzes ein«.[75] Mit dem Appell zur »nationalen Selbstbesinnung und geistig-moralischen Erneuerung« wenden sich die »Republikaner« an »die Deutschen aller Volksschichten«.[76] Sie profilieren sich als die Interessenvertreter der Nation.

Entstanden aus dem Protest gegen Gesprächskontakte und wirtschaftliche Kooperation auch der CSU mit der DDR, stellen sich die »Republikaner« wesentlich als eine Kraft des harten Kurses gegenüber den nachkapitalistischen Gesellschaften im Osten und als Verkünder offensiver Wiedervereinigungsparolen dar. Die Einheit einzufordern, sie zu einem mittelfristigen politischen Ziel zu machen und eine »operationalisierte Wiedervereinigungspolitik« zu betreiben, gehört zu ihren Hauptforderungen. Mit Attacken auf die Unionsparteien, auf Richard von Weizsäcker u. a. wegen dessen Zusicherung sicherer Grenzen gegenüber Polen, einer gezielten Agitation bei den Vertriebenenverbänden (»Die Heimatvertriebenen sind betrogen worden! Die etablierten Parteien haben Ostdeutschland abgeschrieben!«), profilieren sie sich als die Kraft, die in Zeiten, da auch die regierende Union die Ergebnisse der Entspannungspolitik anerkennen mußte, die Politik des Kalten Krieges bewahrt und die Anerkennung der Ergebnisse des Zweiten Weltkrieges und völkerrechtlich verbindlicher Verträge verweigern. Die gegenwärtigen Grenzen sind für sie eine »illegale, unnatürliche und gewaltsame Zerstückelung«.[77] Sie wollen ein Großdeutschland in den Grenzen von 1937, also inclusive heute polnischer und sowjetischer Gebiete (»Wir bekennen uns zu einem Deutschland, das größer ist als die BRD und die DDR.«[78]) und formulieren immer wieder die Forderung nach einem Friedensvertrag. Die Verbindlichkeit alliierter Abmachungen, der Verträge mit Polen und der DDR und der völkerrechtlichen Anerkennung dieser Staaten wird vor Abschluß eines solchen Friedensvertrages in Zweifel gezogen.

Verändert wurde in der Programmatik die Beurteilung von europäischer Einigung und NATO-Mitgliedschaft im angestrebten Einigungsprozeß. Hatte das Programm von 1983 noch die »Schaffung eines Kerneuropas« als Voraussetzung der Wiedervereinigung bezeichnet[79] und sich auch das 1987er Programm zur NATO-Mitgliedschaft bekannt, so wurde 1988 in einer Programmänderung die Möglichkeit festgehalten, zur Verwirklichung deutscher Einheit auch aus der NATO auszutreten. Hier ist eine Annäherung an national-neutralistische Positionen, wie sie auch die NPD vertritt, festzustellen.[80]

Solche Annäherungsprozesse sind auch hinsichtlich der Behandlung von Rüstung und Abrüstung feststellbar, die – sieht man von der stark betonten Forderung nach einem Ausbau des Zivilschutzes ab – praktisch nur im Kontext von nationaler Einheit und Souveränität erfolgt. »Deutsche als Parias der NATO?« fragt »Der Republikaner«[81], und als Resultat der Raketenabrüstung der Großmächte wird Deutschland in einer existenzbedrohenden Lage gezeigt. Die Stoßrichtung zielt auch hier darauf, einmal eine militärische Stärkung der Bundesrepublik selbst zu fordern, vor allem aber diese militärische und politische Großmacht BRD als Spielball der großen Mächte, als besetztes, fremdbestimmtes und nicht souveränes Land darzustellen und so an einen neuen Nationalstolz zu appellieren und den Boden für eine neue Machtpolitik zu bereiten.

Die moralische Aufrüstung, die Stärkung nationalistischer Einstellungen, ist der reale Schwerpunkt der Agitation der »Republikaner«. Dies findet sogar eine »theoretische« Rechtfertigung: der »Wille zur Selbstbehauptung« sei die Grundlage von Verteidigungsfähigkeit. Sei dieser »gelähmt«, komme es zu einer »tödlichen Gefahr«. Nationale Identität, so heißt es in diesem sozialdarwinistischen Bild permanenter nationaler Existenzgefährdung, sei »die geistige Basis nationaler Existenz schlechthin«.[82]

»Nationale Identität« – da sind sich konservative Zentralorgane, intellektuelle Kanzlerberater, Unionspolitiker wie Dregger oder Strauß mit Schönhuber und der NPD einig – sieht sich immer wieder auf lästigste Art und Weise behindert durch die Erinnerung an die Verbrechen des deutschen Faschismus. Im Versuch, diese Verbrechen zu relativieren, umzudeuten, ja auch partiell zu leugnen, unterscheiden sich die »Republikaner« nicht grundsätzlich von einflußreichen konservativen Kräften. Ihre Verharmlosung und Verfälschung der faschistischen Vergangenheit ist allerdings besonders weitgehend und besonders dreist.

Die Deutschen, so das erste Grundelement der Demagogie, seien ein gedemütigtes und auch psychisch unterjochtes Volk. Während tatsächlich die jahrzehntelange Verdrängung des Faschismus aus der öffentlichen Debatte, die Rehabilitierung Beteiligter und der schnelle Wiederaufstieg zu selbstbewußter Machtpolitik vor sich ging, sieht das verdrehte Weltbild der »Republikaner« so aus: »babylonische Gefangenschaft« der Deutschen, »Bewältigungsmanie« und »Nationalmasochismus« und vor allem »Umerziehung« durch die Sieger. Eine der bejubelten Lieblingsfiguren in Reden Schönhubers ist der Satz, daß nun der »Fahrkartenschalter nach Canossa« (also der Weg zu Buße und Unterordnung) geschlossen sei.

Zweitens werden dann die faschistischen Verbrechen relativiert, insbesondere durch die Behauptung, sie seien keineswegs einmalig. Vor allem die Kommunisten hätten Ähnliches verbrochen, und diese gebe es – im Unterschied zu den Nationalsozialisten – heute noch.[83] Das Feindbild ist also klar. Die Verbrechen des deutschen Faschismus werden aber auch direkt geleugnet. So fordern die »Republikaner« z. B. die Klärung der Schuld am Zweiten Weltkrieg, als ob die Frage nicht längst geklärt und das Deutsche Reich nicht längst als Verursacher erkannt sei. Zum gängigen Repertoire öffentlicher Auftritte gehört die Diffamierung des Widerstandes, indem etwa den »Monokelfritzen« des 20. Juli 1944 der einfache und ehrliche Kerl in der SS gegenübergestellt wird. Rehabilitiert wird auch der Antisemitismus. Schönhubers »geläuterter Patriotismus« ist eine Nein-aber-Methode. Die »Republikaner« seien keine Antisemiten, aber man weigere sich, »jeden jüdischen Funktionär mögen zu müssen«.[84]

»Geschichtsschreibung darf nicht politisch mißbraucht werden – auch nicht zur Durchsetzung finanzieller Interessen«[85] – die Unterstellung, die Juden setzten illegitime Ansprüche durch Mißbrauch der Geschichte durch, braucht hier nicht ausgesprochen zu werden. Indem Schönhuber weiter behauptet, die angeblichen Demütigungsversuche des deutschen Volkes produzierten erst Antisemitismus, macht er die Opfer selbst zu Tätern.

Während in der Programmatik im Appell an die Nation vor allem die Forderung nach Grenzrevisionen und nach einer »nationalen Selbstbesinnung« auf Basis einer »Entkriminalisierung deutscher Kultur, Geschichte und ihrer Menschen«[86] in den Vordergrund gerückt wird, nimmt in der Propaganda insgesamt die *Ausländerfeindlichkeit* einen hohen Rang ein.

Hier dominiert die Mobilisierung von Ängsten, Instinkten und Aggressionen. Fotos zeigen Schulklassen, in denen nur noch Mädchen mit Kopftüchern sitzen, die Berliner Straßen voller türkischer Läden, eine durch betende Moslems versperrte Fahrbahn. Überschriften beschwören »Asylantenflut« und »Asylmißbrauch«, Ausländer werden mit Kriminalität und Drogenhandel assoziiert. Angefeindet werden gerade die besonders Fremden: die in Religion und Lebensgewohnheiten anderen Moslems bzw. Türken, aber auch die in der Hautfarbe anderen Schwarzafrikaner. Sie werden verleumdet, indem ihre Flucht vor Verfolgung, Krieg oder auch Hunger zum »Asylmißbrauch« von lediglich Konsumhungrigen verzerrt wird, indem Ausländer für steigende Kriminalität und Drogenhandel verantwortlich gemacht werden. Sie müssen als Schuldige für zu hohe Sozialausgaben[87], für Arbeitslosigkeit, ja sogar für Umweltzerstörung herhalten. Ihre Existenz und ihr Kinderreichtum wird zur nationalen Bedrohung: Deutschland drohe zu einem »Vielvölkerstaat orientalischer Prägung« zu werden.[88] Mit Behauptungen wie der, daß »in einigen sogenannten Koranschulen der nackte Deutschenhaß« propagiert werde oder daß mittels der Geburtenrate ein »Kampf um die politische Herrschaft« ausgetragen werde, wird offen Haß geschürt. Der Aufruf zur aktiven »Selbstverteidigung« gegen die Ausländer liegt hier bereits sehr nahe.

Feind ist aber auch der deutsche Ausländerfreund: Eine »Überfremdungsmafia« aus »Politikern, Meinungsproduzenten, Vertretern öffentlicher Institutionen und Verbände«, so heißt es, wolle das deutsche Volk aus seiner Rolle als Staatsvolk verdrängen.[89] Ausländerfeindlichkeit erhält bei den »Republikanern« auch eine pseudotheoretische Rechtfertigung. Auch hier gibt es Parallelen zum »Ethnopluralismus« faschistoider Kräfte. Das Zusammenleben unterschiedlicher Völker und Rassen wird hier zur prinzipiellen Unmöglichkeit erklärt. Die USA, so heißt es im Parteiorgan »Der Republikaner«, zeigten, daß die Duldung der Farbigen »soziale Anarchie«, Kriminalität, Chaos und Rassenunruhen, letztlich »kulturelle Öde« und eine »Einheitszivilisation« hervorrufe.[90] Ausländerfeindlichkeit wird eine »biologisch sinnvolle Funktion« zugeschrieben, da sie das quasi instinktive Bestreben zum Schutz der eigenen, bedrohten Identität zum Ausdruck bringe.[91] »Volk« erhält so indirekt einen biologischen Gehalt, es wird zur Einheit des Blutes und der Rasse, in die eine Integration eben nicht möglich sei.

Besonders perfide wird die Ausländerfeindlichkeit, wenn diese als aktiver *Umweltschutz* propagiert wird. Als Fremde seien Ausländer wenig bereit, die Heimat zu schützen, zudem seien sie verantwortlich für die »Überbevölkerung unseres Lebensraums«.[92]

Wie auf seiten der extremen Rechten in den 80er Jahren generell wird auch in der Propaganda der »Republikaner« das Umweltproblem häufig thematisiert: Forderungen nach schärferen Maßnahmen der Bundesregierung, nach einem Verzicht auf Stromerzeugung aus Kernkraft oder einem FCKW-Verbot werden vorgebracht. Das Umweltthema erscheint aber stets im Kontext reaktionärster Vorstellungen von einem »Volkskörper« und seinem »Raum«, die beide »gesund« zu halten sind. Immer wieder werden Familien- und Umweltpolitik miteinander verknüpft. Umweltschutz und Abtreibungsverbot sind bei den »Republikanern« in demselben Programmpunkt vereinigt: »Erhaltung des Bestandes des deutschen Volkes, seiner Gesundheit und seines ökologischen Lebensraumes als vorrangiges Ziel der Innenpolitik«.[93]

Familienpolitik, aufgefaßt als Bestandssicherung eines angeblich aussterbenden Volkes und als dessen »Gesunderhaltung«, nimmt in der Programmatik der »Republikaner« einen hervorragenden Platz ein. Auch der *Platz der Frau* in der Gesellschaft ist von ihrer Verantwortung für die Familie als »Keimzelle des Volkes« und einen reichlichen Nachwuchs bestimmt. Das Programm von 1987 fordert für die weibliche Jugend ein »praktisches Jahr«, das auf die »Aufgaben als Frau, Mutter und Hausfrau« vorbereiten soll. Die »Republikaner« bemühen sich zwar, auf eine veränderte Rolle und ein verändertes Selbstverständnis der Frauen einzugehen. So bekennen sie sich zur Gleichberechtigung, und sie wenden sich auch nicht grundsätzlich gegen eine Berufstätigkeit von Frauen. Letztlich aber dominieren doch alte reaktionäre Parolen. Es gelte, so ihr Landesarbeitskreis Frauenpolitik in Nordrhein-Westfalen, »uns an unsere fraulichen Werte und Fähigkeiten [zu] erinnern, die uns unverzichtbar machen«. Auf die Doppelbelastung berufstätiger Frauen antworten die »Republikaner« mit der Forderung nach mehr Teilzeitarbeitsplätzen und einem höheren Ansehen von Familien- und Hausfrauenarbeit – also nach mehr Lob, nicht aber nach Veränderung der Doppelbelastung. Wichtigstes Anliegen bleibt das Verbot der als »Kindermord« diffamierten Abtreibung. Als Ausnahmen sollen nur gesundheitliche Bedrohung und nachgewiesene Vergewaltigung gelten. Auch hier dient wieder das Zerrbild der aussterbenden Deutschen, der »Überfremdung« und der durch die kinderreichen Moslems drohenden Herrschaft der Mullahs als Vision, vor deren Hintergrund das Abtreibungsverbot zur Überlebensfrage wird.[94]

Drei Pole konstituieren das *Gesellschaftsbild* der »Republikaner«: da gibt es erstens die »Gemeinschaft« des Volkes und das »Gemeinwohl«; zweitens den einzelnen Menschen, der diesem »Gemeinwohl« verpflichtet, gleichzeitig für seine Existenzsicherung auf seine »Leistung« angewiesen ist; und drittens den Staat, der »Recht und Ordnung« sichert. Interessenorganisationen, Parteien und Gewerkschaften sind in diesem Konzept letztlich überflüssig oder sogar störend. »Staatsräson und Gemeinwohl«, so das Programm, haben »Vorrang vor Parteiräson und Gruppeninteressen«.[95] In für den Nationalismus klassischer Weise wird bei den »Republikanern« die Nation als prinzipiell harmonische Gemeinschaft begriffen und gleichzeitig die dauernde Gefährdung dieser Harmonie und der Existenz der Nation unterstellt. Der einzelne deutsche Mensch ist in erster Linie nicht z. B. Arbeiter oder Angestellter, der mit seinem Arbeit»geber« um kürzere Arbeitszeit oder mehr Lohn streitet, er ist auch nicht Mensch wie andere auch, er ist hier in erster Linie Deutscher und der »Gemeinschaft« der Deutschen und deren »Gemeinwohl« verpflichtet.

Gleichzeitig gehört es zum Grundzug der Agitation, diese »Gemeinschaft Nation« als permanent gefährdet darzustellen: von außen durch einen möglichen Konflikt der Großmächte, durch die Verweigerung nationaler Souveränität (= eigene Atomwaffen) und durch eine »Umerziehung«, die die nationale Identität als »geistige Basis nationaler Existenz schlechthin« unmöglich macht; und sie ist von innen bedroht durch »Überfremdung« und Sittenverfall. Die Botschaft lautet: als Deutscher mit anderen Deutschen muß die »Gemeinschaft« verteidigt werden gegen äußere Feinde, aber auch gegen »Umerzieher« (also Leute, die auf die faschistischen Verbrechen verweisen), gegen »Überfremdung« und eine »Überfremdungsmafia« (aus Befürwortern des Ausländerwahlrechts und einer multikulturellen Gesellschaft).

Es besteht sozusagen eine Pflicht zum *»Gemeinwohl«*, zur harmonischen Einigung: »Unternehmer, Gewerkschaften und Beschäftigte Hand in Hand«[96], »Zusammenwirken von Arbeit und Kapital« statt »gewerkschaftlicher Klassenkampf«.[97] – Solche Parolen sollen allerdings durchaus nicht harmonisch durchgesetzt werden. Hier geht es vielmehr darum, vor allem die Tarifautonomie als Kernstück gewerkschaftlicher Macht auszuhebeln. »Die Republikaner«, so versprechen sie in einem Flugblatt, »werden das Machtkartell der 'Tarifautonomie' von Gewerkschaften, Arbeitgeberverbänden, Arbeitsjustiz und Parteien durch eine allen Arbeitenden verantwortliche 'konzertierte Aktion' unter Einbindung der sich vor der Verantwortung drückenden Regierung brechen und auf den Weg bringen zur Herstellung von Vollbeschäftigung.« Die Handlungsfähigkeit der Gewerkschaften soll wesentlich eingeschränkt werden: sie sollen an »parteipolitische Neutralität« gebunden, und ihre Tätigkeit auf »das Wohl der Arbeitenden und das Gedeihen der Arbeitsstätten« begrenzt werden. Lohnverzicht wird hier quasi zur gewerkschaftlichen Pflicht, wenn verlangt wird, daß die Gewerkschaften »den Preis der Arbeit im Sinne des gesamten volkswirtschaftlichen Vorteils« zu behandeln haben.[98]

Bei den »Republikanern« ist eine »preistreibende Tarifpolitik« schuld an der Arbeitslosigkeit. Mit Lohnsenkungen sollen Betriebe saniert werden. Tarifverträge sollen aufgehoben und durch individuelle Verhandlungen »gemäß Angebot und Nachfrage« ersetzt werden, Flexibilisierung wird verlangt.[99]

Immer wieder tauchen auch hier ausländerfeindliche Parolen auf: die Ausländer seien für die Arbeitslosigkeit mitverantwortlich. Gefordert wird ein »Vorrang für deutsche Arbeitnehmer bei Arbeitsplatzvergaben«.[100]

Das *wirtschafts- und sozialpolitische Konzept* der »Republikaner« besteht aus Gewerkschaftsfeindlichkeit, Naivität und Manchesterliberalismus. »Die Republikaner«, so heißt es etwa, »stehen ein für die Wirklichkeit einer geordneten Volkswirtschaft und eines solide erarbeiteten Wohlstandes.«[101] Sie vertrauen auf eine »sich hauptsächlich selbstregulierende, sozial-ökologische Marktwirtschaft«.[102] Staatliche Eingriffe gegenüber der Privatwirtschaft sollen reduziert werden. Jeder einzelne könne sich als Privateigentümer und potentieller Unternehmer durch »Leistung« im Wettbewerb durchsetzen; »Eigenverantwortung und Selbsthilfe« sollten »erstes Gebot« sein.[103] Sozialleistungen sollen abgebaut werden (»Der Staat ist kein Versorgungswerk«.[104]) Staatliche Leistungen sollen partiell durch eine einjährige »Dienstpflicht« der Jugend ersetzt werden – eine Einrichtung, die einst schlicht »Arbeitsdienst« hieß.

Der *Staat*, der sich bei den »Republikanern« um Wirtschaft und Sozialleistungen möglichst wenig kümmern soll, ist vor allem autoritäter Staat. Seine soziale Schutzfunktion soll abgeschafft, seine repressive Funktion gestärkt werden. »Recht und Ordnung« stehen bei dieser Partei wie auf der Rechten generell obenan. Die Forderung nach »mehr Polizisten, schärferen Gesetzen, härteren Urteilen«[105] wird unterstützt durch katastrophenartige Gemälde von überhandnehmender Kriminalität und alltäglichem Terror in der Bundesrepublik. Die »Horden der Vermummten«, so heißt es, »wälzen« sich »ungestört durch bundesdeutsche Städte«.[106] »Maskiert, vermummt, bewaffnet: ein alltägliches Demonstrationsbild in der Bundesrepublik«, lautet die Unterschrift unter einem Bild im Parteiorgan der »Republikaner«, das vermummte Steinewerfer und im Vordergrund eine Hand mit einem Revolver zeigt.[107] So werden Ängste beschworen und Aggressionen gegen die Linke geschürt (mit populistischem

Akzent: »Es sind in der Regel die verkommenen Produkte einer bedenkenlosen Großbourgeoisie«[108]) – und immer wieder gegen Ausländer. Auch AIDS muß herhalten, um per »Reihenuntersuchung der Gesamtbevölkerung« den totalen Staat zu propagieren.[109]

Demokratische Rechte und Freiheiten interessieren die »Republikaner« nicht. Welche Funktion können in der harmonischen Gemeinschaft und im starken Staat unterschiedliche Interessen, Pluralismus und Machtkontrolle haben? Sie sind gänzlich überflüssig, im Grunde störend. Diese Konsequenz wird allerdings von den »Republikanern« selbst so nicht gezogen. Programmatisch bekennen sie sich zur »freiheitlich-demokratischen Grundordnung«. Dagegen aber stehen Forderungen nach Einschränkungen gewerkschaftlicher Rechte, wie sie vorstehend schon angeführt wurden. Dagegen steht das Verlangen nach umfassenden Begrenzungen der Berichterstattung der Medien, die auf Neutralität, Staatsferne, Ideologiefreiheit, historische Faktentreue und ethischen Wertbezug verpflichtet werden sollen – wobei man sich vorstellen kann, was herauskommt, wenn die »Republikaner« historische Faktentreue und ethische Werte definieren. Gehen die Medien nicht freiwillig auf diesen Kurs, so wollen die »Republikaner« »für die Schaffung partei- und gruppenunabhängiger Kontrollorgane zum Schutze des von Einschüchterung und Verschmutzung der geistigen Umwelt bedrohten Freiheitsraumes des Bürgers sorgen.«[110]

Die »Republikaner« als Anwalt des über den Parteien stehenden Gesamtinteresses und als Anwalt des Bürgers gegen Parteien und Medien – dies ist ein typisches Bild ihrer Selbstdarstellung. Im Namen des nationalen Interesses attackieren sie Interessenorganisationen und Parteien. »Selbstbedienung aus Staatskasse. Bonner Parteien ohne Skrupel«[111]; »Und sie schämen sich nicht! Volksvertreter schröpfen das Volk«[112]; »Der Staat als Parteienbeute. Wider den Neo-Feudalismus der öffentlichen Hand«[113] – so lauten Überschriften im »Republikaner«. Die Attacke auf die »Herrschaft der Bürokratie«, korrupte Parteien und selbstsüchtige Parlamentarier, gepaart mit populistischen Forderungen nach Bürgerbeauftragten oder einer Volkswahl des Bundespräsidenten stand im ersten Parteiprogramm von 1983 ganz oben an und gehört auch jetzt noch zum gängigen Repertoire der Agitation. Skandale um Parteienfinanzierung usw. werden genutzt zur pauschalen Attacke auf politisch organisierte Interessen.

Programm und Agitation der »Republikaner« sind vor allem zutiefst nationalistisch, sie sind fremdenfeindlich, autoritär geprägt und mit deutlich antidemokratischen Zügen behaftet. Ihr Ideal einer Gesellschaft, deren »Gemeinschaft« völkisch homogen ist und in der das »Gemeinwohl« anstelle des Konflikts sozialer Interessen regiert, erinnert unübersehbar an die »Volksgemeinschaft« der dreißiger Jahre.

Das öffentliche Auftreten der »Republikaner« ist weniger programmatisch als agitatorisch. Sie bieten weder Analysen aktueller politischer und sozialer Probleme noch konkrete Lösungskonzepte an. Sie benennen real vorhandene und brennende Probleme wie Umweltverschmutzung, Arbeitslosigkeit, Drogen und vor allem das Zusammenleben mit Ausländern und knüpfen damit an Sorgen, Ängste und Bedrohungsgefühle in der Bevölkerung an. Es sind die aus unterschiedlichen Ursachen Verunsicherten, die von Bedrohungsgefühlen Ergriffenen, diejenigen, die das Vertrauen in die herrschende Politik und die großen Parteien verloren haben, die von der »Republikaner«-Agitation angesprochen werden. Ihnen bieten die »Republikaner« vor allem mit den Ausländern Aggressionsobjekte an, und in der Nation Heimat, Sicherheit und Stolz als Mittel gegen Angst und Unsicherheit. Als spezifische Zielgruppen werden von den »Republikanern« der selbständige Mittelstand, Landwirte, Angehörige von Bundeswehr und Polizei und »Heimatvertriebene« ins Auge gefaßt. Insgesamt aber möchten sie lieber als der Repräsentant des »nationalen Interesses« erscheinen. Sie vermengen die anstehenden Probleme zu einem allgemeinen und existenzgefährdenden Bedrohungsszenario, klagen die Ausländer und die versagenden Parteien als Schuldige an, preisen die »nationale Erneuerung« als den Ausweg an und ihre eigene Partei als den Retter. Der Aufruf zur »Umkehr« im Sinne einer »nationalen Selbstbesinnung und geistig-moralischen Erneuerung« bildet den Auftakt ihres Programms.

Die Zeitung und das Programm der »Republikaner« weisen weitgehend Parallelen mit der Agitation von *NPD* und *DVU* auf. Das Programm der DVU enthält in den meisten Punkten die gleichen Behauptungen und Forderungen. Viele Artikel im »Republikaner« könnten auch in der »National-Zeitung« stehen. Mit Ausländerfeindlichkeit und Nationalismus, der Propaganda gegen eine angebliche »Umerziehung« der Deutschen, der Agitation gegen die EG usw. greifen sie gleiche Themen auf. Unterschiede im Gesamtbild gibt es in der Radikalität bestimmter Forderungen. Bekennen sich die »Republikaner« zu den deutschen Grenzen von 1937, so sind dies für die NPD die Grenzen des »völkerrechtswidrigen Versailler Diktats«. Das Großdeutschland der NPD soll auch das Sudetenland, Südtirol, Elsaß, Lothringen, Schleswig und Westpreußen umfassen.[114]

Erwägen die »Republikaner« vorsichtig, daß im Rahmen deutscher Einigung auch ein Austritt aus der NATO in Betracht kommen könnte, bekennen sich aber doch zum Westen, so agitiert die NPD vehement gegen die »Besetzung« Deutschlands von Ost und West und die Anwesenheit fremder Truppen. Auch ein demagogischer Antikapitalismus, der an die Demagogie der NSDAP erinnert, ist bei der NPD viel zugespitzter vertreten. So spricht sie etwa von einer »Zerstörung der Volkswirtschaft durch einen ausbeuterischen Wirtschaftsimperialismus« und propagiert eine neue »Gemeinschaftsordnung« als Alternative zu den »materialistischen« Wirtschaftssystemen in Ost und West.[115]

Fordern die »Republikaner« die Aufklärung der Kriegsschuldfrage und stellen so indirekt die deutsche Verantwortung infrage, so lügt die NPD offensiv: »es gibt keine 'Alleinschuld' Deutschlands am Zweiten Weltkrieg!« und klagt – wie schon die NS-Propaganda – Polen als Schuldigen an.[116]

Der Nationalismus der NPD ist offener und radikaler biologistisch begründet: So behauptet sie, daß »Rassen, Völker und Einzelmenschen« nach biologischen Gesetzmäßigkeiten handelten und daß der Nationalismus ein in der Natur angelegter Selbstbehauptungstrieb sei.[117]

Um den Charakter von »Republikanern«, NPD und DVU beurteilen zu können, reicht der Vergleich von Programm und

Ideologie allein nicht aus. Hier müssen auch die Methoden des politischen Kampfes, vor allem die terroristischen Elemente, in die Beurteilung einbezogen werden.

2. Die soziale Basis

90.000 Stimmen und damit 7,5% bei den Wahlen zum Berliner Senat, über 20.000 Stimmen (6,6%) bei den Kommunalwahlen in Frankfurt und etwa 2,5 Millionen Stimmen (7,1 % »Republikaner« und 1,6% DVU) bei den Europawahlen – das ist eine Erfolgsbilanz der Rechtsaußenparteien im Jahr 1989, die auch bei den Kommunalwahlen in Nordrhein-Westfalen und Baden-Württemberg fortgeschrieben wurde. Wer nun sind diese Wähler und Wählerinnen, die zu Zehntausenden für »Republikaner« und NPD/DVU stimmten?[118]

Einfache Erklärungen der Wählerstruktur, der sozialen und politischen Basis insbesondere der »Republikaner«, aber auch von NPD und DVU, gibt es nicht. Weder die Arbeiter noch die Bauern, weder die Katholiken noch die enttäuschten CDU-Wähler, das »ausgegrenzte Drittel« oder die Bayern waren diejenigen, die für den wahlpolitischen Durchbruch der Rechtsextremen verantwortlich sind. Die über 2 Millionen Bundesbürger, die bei deren erster bundesweiter Kandidatur die »Republikaner« ins Europaparlament brachten, kommen aus allen sozialen Schichten, Regionen, konfessionellen Gruppen, Geschlechtern und Altersgruppen. In der Wahlentscheidung für die Partei Schönhubers bündeln sich offensichtlich unterschiedliche Problemlagen und Motivationen.

Trotz dieser allgemeinen Feststellung einer gruppenübergreifenden Rekrutierung der äußerst rechten Wähler gibt es aber fünf hervorstechende Charakteristika dieses Wählerpotentials: die rechtsextreme Wählerschaft ist ganz überwiegend männlich, sie kommt zum überwiegenden Teil aus dem Wählerreservoir der CDU/CSU und lebt eher im Süden der Bundesrepublik. Auffallend sind weiter der große Anteil junger Wähler und die Erfolge der Rechtsextremen in Großstädten und dort besonders in Hochhaussiedlungen und Arbeiterwohngebieten. Als sechstes Charakteristikum sind politisch-ideologische Gemeinsamkeiten dieser Wählerschaft zu nennen.

Zwei Drittel der Wählerschaft der »Republikaner« sind Männer, dieses Ergebnis ist ebenso hervorstechend wie unumstritten. Bei der Europawahl 1989 waren es 64,2% der »Republikaner«-Stimmen, die von Männern kamen. Dabei lag der Anteil der Frauen an den Wahlberechtigten deutlich über der Hälfte. Unter den Männern betrug das Ergebnis für die »Republikaner« 9,6%, gegenüber dem Gesamtergebnis von 7,1%. Dieses Übergewicht der Männer findet sich in allen Altersgruppen.[119] In Berlin und Frankfurt sehen die Bilanzen ähnlich aus.

Erklärungen dieses Phänomens bewegen sich noch weitgehend im spekulativen Bereich. Plausibel erscheint es, im Votum für die frauenfeindlichen Rechtsparteien die Gegenwehr von Männern zu sehen, die sich durch eine Frauenemanzipation in ihrer gesellschaftlichen Stellung und ihrem Selbstverständnis elementar bedroht fühlen: Da alle anderen Parteien mehr oder weniger entschieden sich für Frauenemanzipation aussprechen - auch die CDU in ihrem Süssmuth-Geißler-Kurs - können sie eine politische Heimat nur noch bei der extremen Rechten finden.

Zu bedenken ist aber, daß auch schon in der Wählerschaft der NPD in den 60er Jahren die Männer ähnlich deutlich überwogen wie heute bei den »Republikanern«. Ist das Votum für rechtsextreme Parteien also ein geschlechtsspezifisches Phänomen? Tatsächlich gibt es Unterschiede im politischen Verhalten. So bezeichnen sich Frauen in Umfragen in geringerem Maße als Männer als politisch interessiert. Frauen reagieren auch langsamer auf neue politische Entwicklungen. Und sie halten andere politische Themen für wichtig als Männer; so sei die von den Rechtsextremen in den Vordergrund gerückte Ausländerpolitik eher ein männliches Thema und deren aggressive Behandlung entspreche wiederum eher männlichem Verhalten.[120] Ohne Zweifel sind die unterschiedlichen Mentalitäten, Denk und Verhaltensformen von Männern und Frauen Resultat längerer geschichtlicher Entwicklungen. Unterschiedliches Wahlverhalten ist deshalb immer nur teilweise auf die jeweils aktuelle Problemlage zurückzuführen.

Wohl am meisten Aufsehen erregte der *große Anteil sehr junger Wähler*. Nach den Wahlen von Berlin und Frankfurt wurde die Jugendattraktivität (Hofmann-Göttig) von NPD und »Republikanern« hervorgehoben; ja, die »Republikaner« wurden sogar als »Jungwählerpartei« bezeichnet (H. Funke). Hatte man es bei dem »Männerüberhang« noch mit einem wiederkehrenden Phänomen in der Wählerschaft äußerst rechter Parteien zu tun, so war der große Anklang, den diese bei den Jungwählern fanden, ein neues Phänomen. Spätestens hier wurde deutlich, daß es nicht mehr die im Nationalsozialismus Erzogenen sind, die – wie noch in den 60er Jahren – besonders stark rechtsextreme Parteien unterstützen. Der Rechtsextremismus hat offensichtlich seinen Ursprung auch und wesentlich in der Gesellschaft der Bundsrepublik selbst. 9,3% erzielte die NPD bei den 18- bis 24jährigen in Frankfurt (insgesamt 6,6%); in Berlin waren es 14,3% für die »Republikaner« bei den 18- bis 23jährigen. In keiner anderen Altersgruppe schnitten die Rechtsparteien besser ab. Und betrachtet man die männlichen Jungwähler, dann liegen die Ergebnisse noch höher: 18,8% für die »Republikaner« in Berlin bei den 18- bis 23jährigen, 13% für die NPD in Frankfurt bei den 18- bis 24jährigen. Aber auch bei den Frauen dieser Altersgruppe waren die Ergebnisse noch besonders hoch.[121]

Trotzdem sind »Republikaner« und NPD keine »Jungwählerparteien«. Schon für West-Berlin gilt, daß knapp die Hälfte der »Republikaner«-Wähler über 45 Jahre alt sind. Und trotz ihres sensationellen Ergebnisses liegen die »Republikaner« dort bei den jüngeren Wählern immer noch deutlich hinter der Alternativen Liste (AL). In der Jugend gibt es also eher eine Polarisierungstendenz als einen einheitlichen Rechtstrend. Bei dem bundesweiten Vergleich der Europawahl lagen dann die Ergebnisse der »Republikaner« in den einzelnen Altersgruppen relativ nah beieinander. Bei den 18- bis 24jährigen erreichten sie 7,9% gegenüber dem Gesamtergebnis von 7,1%. Die Wählerschaft der »Republikaner« insgesamt ist zu ca. 57% – das entspricht etwa der Bevölkerung – 45 Jahre und älter. Trotzdem – die Auswertung der Europawahl relativiert zwar die Annahme über die besondere Attraktivität der Rechtsextremen für Jugendliche, sie widerlegt aber diese Annahme keinesfalls. Die Differenzen des bundesweiten gegenüber dem Frankfurter bzw. West-Berliner Ergebnis verweisen darauf, daß es sich bei der Jugendattraktivität der Rechtsparteien offensichtlich um ein insbesondere großstädtisches Phänomen handelt. Aber auch bundesweit – bei der Europawahl 1989 – erreichten die »Republikaner« in der Altersgruppe der 18- bis 24jährigen ihr bestes Ergebnis. Diejenigen, die 60 und älter sind, wählten hingegen sowohl in Frankfurt und West-Berlin als auch bei der Europawahl unterdurchschnittlich oft rechtsextrem.[122]

Jung- sowie Erstwähler und ehemalige Nichtwähler stellen, so die Ergebnisse von Umfragen und Wählerwanderungsanalysen, etwa 10–20% der rechtsextremen Wählerschaft. Teilweise gelang es den »Republikanern«, Wähler, denen in den Vorjahren keine Partei als wählbar, bzw. der Wahlvorgang als sinnlos erschienen war, für sich zu gewinnen. Auch dies ist aber kein einheitlicher Trend. Es gibt keinen generellen Zusammenhang zwischen einer Erhöhung der Wahlbeteiligung und Gewinnen für die Rechtsaußenparteien. Bei der Europawahl allerdings konnten die »Republikaner« etwa ein Drittel ihrer Stimmen aus dem Nichtwählerpotential rekrutieren. Insbesondere in Bayern und Baden-Württemberg, wo die Wahlbeteiligung überdurchschnittlich zunahm, profitierten hiervon insbesondere die »Republikaner«. Hier war 1984, wohl aus Protest gegen die EG-Wahl, die Wahlbeteiligung stark gesunken, jetzt gingen diese Nichtwählerstimmen offensichtlich an die Anti-EG-Partei. Insgesamt sind jedoch das wichtigste Potential der rechtsextremen Parteien die ehemaligen Wähler der Unionsparteien. Mehr als 50% der »Republikaner«-Stimmen kommen von CDU und CSU. Aber auch die SPD steht vor schweren Problemen: Sie schafft es offenbar nicht, solche enttäuschten Unionswähler für sich zu gewinnen; und sie erleidet selbst schmerzliche Verluste gegenüber der extremen Rechten: 15 bis 20% der »Republikaner«-Wähler wählten vorher SPD.

Aus welchem *sozialen Milieu* kommen die Wähler der »Republikaner«? Sind es die »Modernisierungsverlierer« unserer Gesellschaft, die sozial Ausgegrenzten, Arbeitslosen? Also solche Gruppen, die früher traditionell in der SPD die Partei der Arbeiter und kleinen Leute sahen, sich nun aber enttäuscht von ihr abwenden? In einer Reihe von Großstädten erreichten die »Republikaner« deutliche Erfolge. Immer wieder ähneln sich die Beschreibungen der »Republikaner«-Hochburgen in diesen Städten, sei es die Gropiusstadt in Berlin, der Dortmunder Norden, das Hasenbergl oder Obergiesing in München: es sind anonyme und triste Hochhaussilos, und es sind Arbeiterwohngebiete. In West-Berlin, in Frankfurt und auch bei den Europawahlen lagen die Ergebnisse von »Republikanern« bzw. NPD in Gebieten mit einem mittleren und hohen Arbeiteranteil über dem Durchschnitt. Die SPD vermutet, daß ihre Verluste nach rechtsaußen gerade aus dem etwa einen Drittel der un- und angelernten Arbeiter, wenig qualifizierten Angestellten und Teilzeitbeschäftigten kommen, die sich in ihren Arbeitsperspektiven besonders gefährdet sehen.[123]

Auch Umfrageergebnisse, die das Votum für die »Republikaner« mit dem Bildungsabschluß der Befragten verknüpfen, zeigen eine besonders hohe Zustimmung unter den formal weniger Gebildeten, differenziert allerdings nach dem Alter. »Bei den Wählern unter 50 Jahren sind es ganz deutlich die formal Geringergebildeten, also Wähler mit Volksschule als höchstem Schulabschluß, die durch die 'Republikaner' angesprochen werden. Mittlere Schulbildung führt bereits zu eher unterdurchschnittlicher Unterstützung der 'Republikaner'. Bei den formal Hochgebildeten, Befragten mit Abitur oder Hochschulbildung, finden die 'Republikaner' nur sehr wenige Anhänger. Im Unterschied hierzu haben die 'Republikaner' bei Wählern zwischen 50 und 60 Jahren in der mittleren Bildungsklasse stärksten Zuspruch, und bei den über 60jährigen äußern die formal Hochgebildeten am häufigsten eine Präferenz für die Partei am rechten Rand«.[124]

Wie soll man diese Tatbestände erklären? Bei denjenigen, die 1945 mindestens 16 Jahre alt waren, so muß man wohl annehmen, dominiert die Prägung durch den Nationalsozialismus gegenüber dem ansonsten wichtigen Bildungsniveau. Insgesamt aber gibt es eine deutlich höhere Unterstützung für die »Republikaner« unter den Wählern mit Volksschule als höchstem Bildungsabschluß und häufig in Arbeiterwohngebieten der Großstädte. Dies läßt eine klare Folgerung zu: Die seit Jahren anhaltende Konjunktur hat an der hohen Arbeitslosenquote und der Auseinanderentwicklung zwischen Arm und Reich kaum etwas geändert - und nun sucht ein Teil der von Arbeitslosigkeit und neuer Armut Betroffenen einen Ausweg auf der äußerst rechten Seite.

Auch die Gewerkschaftsmitgliedschaft scheint hiergegen nicht zu »immunisieren«. Das Votum für die »Republikaner« ist bei Umfragen unter Gewerkschaftsmitgliedern bzw. Nichtmitgliedern etwa gleich hoch.[125] Eine erhöhte Widerstandskraft würde man vermutlich bei denen feststellen, die sich aktiv an der Gewerkschaftsarbeit beteiligen. Aber solche Differenzen im Grad der Aktivität wurden bisher nicht untersucht.

Vor zu einfachen Schlußfolgerungen aber sei gewarnt. Es gibt keinesfalls eine direkte Verknüpfung von Arbeitslosigkeit oder von hohem Ausländeranteil in einem bestimmten Wohngebiet mit einer hohen Zahl von Wählerstimmen für die Rechtsaußenparteien in diesem Gebiet. Der Zusammenhang existiert, aber er ist komplizierter. Bundesweit, so die Forschungsgruppe Wahlen, sei die »regionale Struktur der neuen 'rechten Hochburgen' [. . .] mit sozioökonomischen Merkmalen allein nicht zu erklären. Es handelt sich bei ihnen gerade nicht um wirtschaftlich oder sozial besonders bedrohte Regionen mit hoher Arbeitslosigkeit, Engpässen auf dem Wohnungsmarkt oder überdurchschnittlichen Ausländerzahlen.«[126]

Umfragen zeigen als Anhänger der »Republikaner« in auffallender Zahl den Facharbeiter, danach erst den un- und angelernten Arbeiter. Stärker noch als diese beiden Gruppen votierten die Landwirte für die »Republikaner«.[127] Auch hier verweist die hohe Zustimmung unter den Facharbeitern darauf, daß es nicht unbedingt die selbst sozial Deklassierten sind, sondern diejenigen, die sich in ihrem sozialen Status bedroht fühlen, die nach ganz rechts abwandern. Häufig gewannen die »Republikaner« in den Arbeiterwohngebieten besonders, in denen die Unionsparteien Mehrheitspartei waren, wo also wohl konservative Arbeiter und

Arbeiterinnen schon vorher zur CDU/CSU abgewandert waren.

Subjektive Bedrohungsgefühle fallen offenbar stärker ins Gewicht als eigene Betroffenheit – dies scheint auch hinsichtlich des Zusammenlebens mit Ausländern zu gelten. »Ihre besten Ergebnisse«, so die Forschungsgruppe Wahlen, bezogen auf West-Berlin, »erzielen sie in Gebieten, die sich sowohl durch einen hohen Arbeiter- als auch durch einen niedrigen Ausländeranteil charakterisieren lassen. Dieses Datum spricht für die Vermutung, daß es sich bei den Anhängern der 'Republikaner' weniger um Wähler handelt, die in ihrem unmittelbaren Wohnumfeld mit einem hohen Ausländeranteil konfrontiert sind, sondern vielmehr um solche, die ihren sozialen Status in der Zukunft bedroht fühlen.«[128]

Sozialökonomische Kriterien reichen nicht aus, um die hohe Zustimmung für die rechtsextremen Parteien zu erklären. Sie sind auch ein Phänomen und ein Resultat der *politischen Kultur.* Bei der Europawahl kamen 54% der Stimmen für die »Republikaner« aus Bayern und Baden-Württemberg; beide Länder stellen aber nur 32% der Wähler. Offenbar wirken im Süden der Bundesrepublik neben einer längerfristigen Verankerung und besseren Organisationsstruktur der »Republikaner« der tiefe Einfluß der konservativen Ideologie unter der jahrzehntelangen Hegemonie der Unionsparteien.

Die 2 Millionen »Republikaner«-Wähler der Europawahl 1989 lassen sich nicht typisieren. Es sind besonders viele Männer, aber auch bei den Frauen erreichten die »Republikaner« 4,9%. Es sind erschreckend viele junge Menschen, aber in keiner Altersgruppe lag die neue Rechtspartei unter 6,8%. Es sind eher die Bewohner der südlichen Regionen der Bundesrepublik, aber auch in Großstädten Nordrhein-Westfalens sitzen die »Repubikaner« nun in den Stadträten. Die Stimmen der »Republikaner« kommen aus Hochhaussilos und Arbeiterwohngebieten, aber auch aus Villenvierteln, von ungelernten Arbeitern, aber auch von älteren Hochschulabsolventen.

Was sie am meisten verbindet, sind die *politischen Einstellungen.* Hier sind die Trends und auch die Unterschiede zu den Wählern anderer Parteien deutlich.[129]

Anhänger der »Republikaner« halten die Aussiedler und Asylanten für das aktuell wichtigste Problem. Für die Mehrheit der Bevölkerung aber stehen der Umweltschutz, Renten und Arbeitslosigkeit an erster Stelle. Den Umweltschutz finden die »Republikaner«-Anhänger mit weitem Abstand weniger wichtig als die Mehrheit der Bevölkerung. Sie lehnen ein Ausländerwahlrecht ab und ebenso das Asylrecht für Verfolgte. Ihre Fremdenfeindlichkeit betrifft besonders Asylanten aus Afrika und Asien, aber auch Aus- und Umsiedler aus Osteuropa und der DDR.

»Republikaner«-Anhänger sind mehrheitlich mit der Demokratie in der BRD eher unzufrieden. In der Bevölkerung insgesamt sind dagegen 73% zufrieden. Sie haben eine besonders negative Einstellung zu den Parteien und Institutionen wie Bundestag, Bundesregierung, Justiz, Kirchen und besonders Gewerkschaften, eine besonders positive Einstellung aber zur Bundeswehr.

Gefragt nach der Beurteilung von wirtschaftlicher Lage, sozialer Sicherheit und persönlichen Aufstiegschancen, äußern sie sich aber etwa so wie der Bevölkerungsdurchschnitt. Negativer ist ihre Beurteilung der Ostpolitik und der Einbindung ins westliche Bündnis.

»Republikaner«-Anhänger sind besonders »stolz, Deutsche zu sein«, sie haben ein besonders positives Verhältnis zu nationalen Symbolen, sie sind besonders häufig gegen eine Anerkennung der polnischen Grenzen. Sie sind weit eher bereit, Hitler und dem Nationalsozialismus auch positive Elemente zuzubilligen, und sie haben häufiger antisemitische Einstellungen. Sie befürworten autoritäre Muster, wie das Votum für einen starken Führer, eine starke Polizei, mehr »Recht und Ordnung«.

Fremdenfeindlichkeit, Mißtrauen gegen die politischen und gesellschaftlichen Institutionen in der Bundesrepublik, Nationalismus und autoritäre Einstellungen – dies kennzeichnet die Anhängerschaft der »Republikaner«.

Was die *Mitglieder* betrifft, so sind wir bisher in hohem Maße auf die Aussagen angewiesen, die von der Führung der »Republikaner« selbst stammen. Das gilt sowohl für die Mitgliederzahlen wie für ihre Sozial- und Altersstruktur. Diese Aussagen aber sind sehr kritisch zu betrachten, weil sie bereits Teil der politischen

Strategie der »Republikaner« sind. Wenn also von einem rasanten Zulauf die Rede ist, dann soll der Eindruck einer unaufhaltsam aufsteigenden Bewegung erzeugt, sollen Zögernde mitgerissen werden und die in der politischen Öffentlichkeit noch vorhandenen Hemmschwellen überwunden werden. Und wenn von massiver Unterstützung besonders durch Beamte, Polizisten und Soldaten die Rede ist, so ist dies auch als Appell an diese Gruppen gemeint, sich den »Republikanern« anzuschließen, und zugleich soll damit das Bild einer durch und durch seriösen Partei erzeugt werden. Schönhuber verfährt bei solchen Angaben recht großzügig. 30 bis 40%, so sagt er, seien »Polizisten, Grenzschützer, Bundeswehrangehörige, Beamte«. Doch wenn er in Schwung ist, steigert er deren Anteil auch bis zu 50%. Gerade im Unterschied zu den etablierten Parteien, aber auch zu den von der älteren Generation geprägten Parteien der extremen Rechten wie NPD und DVU, präsentieren sich die »Republikaner« als eine neue, im Aufschwung begriffene, also jugendliche Partei. 50 bis 60% der Mitglieder seien unter 30 Jahren alt, behauptet Schönhuber. Auch hier ist er zu wesentlichen Steigerungen imstande und gelangt dann manchmal bis zu 70%.[130]

Mit diesen Vorbehalten also ist zu berichten, daß die Mitgliederzahl angeblich im April 1989 bereits 14.000 betragen habe und dann rasch weiter angestiegen sei.[131] Wenn Angehörige der Bundeswehr, der Polizei und des Bundesgrenzschutzes dabei überdurchschnittlich repräsentiert sein sollten, so wäre dies nicht verwunderlich: ersten wegen der zentralen Rolle, die »Ruhe und Ordnung« und »Autorität« in der Ideologie der »Republikaner« spielen; und zweitens wegen der »Identitätskrise«, in die insbesondere Bundeswehr und Bundesgrenzschutz geraten sind angesichts des Dahinschwindens des Feindbildes von der »Gefahr aus dem Osten«, das ja bisher den Sinn ihrer Existenz begründete. In der Tat sind die Parteien der extremen Rechten die einzigen, die dieses Feindbild noch mit aller Konsequenz aufrecht zu erhalten versuchen. Sie bieten also den Verunsicherten Heimat. Daß die Männer bei den Mitgliedern und Funktionären noch stärker dominieren als bei den Wählern,[132] dürfte selbstverständlich sein. All dies entspricht übrigens auch den geschichtlichen Erfahrungen der Aufstiegsperiode sowohl der NSDAP wie auch der NPD.

Die *Funktionäre* der »Republikaner« kommen in hohem Maße entweder aus den Unionsparteien oder den neofaschistischen Parteien, besonders der NPD.[133] Obwohl die Führung der »Republikaner« hier Abgrenzung zu demonstrieren versucht,[134] konnte oder wollte sie bisher nicht verhindern, daß viele ehemalige NPD-Funktionäre nun Funktionen bei den »Republikanern« übernommen haben. Diese politische Herkunft der Funktionäre stimmt im übrigen mit dem tatsächlichen politischen Charakter der »Republikaner« überein: Diese Partei bewegt sich bisher zwischen dem rechten Flügel der Union und dem Neofaschismus, und es ist noch nicht ausgemacht, ob sie sich dort dauerhaft niederlassen wird oder ob sie sich in eine der beiden Richtungen fortbewegt. Faßt man den gesamten Zeitraum seit ihrer Gründung 1983 ins Auge, so ist eine Entwicklung von rechtskonservativen Positionen weiter nach rechts allerdings bereits unverkennbar.

Was die Altersstruktur betrifft, so dominieren in der Tat – im Unterschied zu DVU und NPD – nicht mehr die Männer der HJ-Generation, sondern zwei jüngere Altersgruppen: einmal die Jungen unter 25 Jahren und zum zweiten die Männer zwischen 45 und 55 Jahren.[135] Dies sind die Jahrgänge, die entweder in der Zeit des Kalten Krieges sozialisiert worden sind oder nach dem Scheitern der sozial-liberalen Reformhoffnungen seit der Mitte der 70er Jahre. Die dazwischenliegenden 20 Jahrgänge fehlen beinahe gänzlich. Auffällig unter den jüngeren Jahrgängen ist der hohe Anteil von Studenten. Die studentischen Korporationen und Burschenschaften, in denen seit dem Wilhelminischen Reich rechtsextreme Weltanschauung besonders stark ausgeprägt war, sehen hier offenbar eine Möglichkeit, aus dem politischen Abseits, in das sie seit dem Ende der 60er Jahre geraten waren, wieder herauszukommen.

Die »Republikaner« vermögen also sehr unterschiedliche soziale Gruppen und Schichten anzusprechen, die in ihrer Lebensweise und ihrem sozialen Status wenig miteinander gemein haben und deren Interessenlage geradezu konträr ist. Vereint sind sie nur dadurch, daß sie in besonderem Maße von Bedrohungsgefühlen ergriffen sind. Aber Herkunft und Art dieser Ängste sind sehr unterschiedlich. Was haben die Bedrohungsängste von Jugendlichen in großstädtischen, sozial verelendeten und kulturell verödeten Wohnhaussilos mit nationalistisch geprägten Akademikern gemein, die den Träumen von einem »Vierten Reich« nachhängen und die Reinheit deutschen Volkstums durch »Überfremdung« bedroht sehen? Was haben die Arbeiter, die um den Verlust ihres Arbeitsplatzes fürchten und zudem erleben, daß ihnen Aussiedler bei der Suche nach einer bezahlbaren Wohnung vorgezogen werden, mit den Bürgern der vornehmen Stadtviertel gemein, die nationalistischen Traditionen anhängen, von Zorn erfüllt sind über das Ausbleiben der »geistig-moralischen Wende« und ihre reaktionäre Utopie einer einheitlich handelnden Volksgemeinschaft durch Türken und Proleten, durch Asylanten und Gewerkschaften bedroht sehen?

Diese ganz verschiedenartigen Bedrohungsgefühle zusammenzufassen und in die Kanäle ein- und derselben Partei zu leiten, ist Aufgabe der Ideologie und Propaganda. Es ist klar, daß das nicht geschehen kann durch Offenlegung der wirklichen Ursachen der Probleme, denn dann würden die gegensätzlichen Interessen dieser Gruppen ans Licht kommen. Nur die Propagierung von Feindbildern kann dies leisten, in denen die verschiedenartigsten Motive zusammengefaßt werden können, und die Propagierung von »Volksgemeinschaft« und »nationalen Interessen«, in der alle sozialen Unterschiede zugedeckt sind. Dem Feindbild Ausländer, das dabei im Zentrum steht, wird also bei der Diskussion von Gegenstrategien besondere Aufmerksamkeit zu widmen sein.

Sowohl diese Feindbildpropaganda wie auch der Nationalismus als »Lösung« aller Probleme haben die »Republikaner« mit NPD und DVU gemeinsam. Daß sie dennoch bei der Gewinnung von Wählern und Mitgliedern einen klaren Vorsprung vor diesen Parteien erzielen konnten, ist sicherlich auch darin begründet, daß sie dieselben Aussagen und Forderungen etwas dezenter vortragen und sich überhaupt seriöser geben. Der Erfolg der »Republikaner« beruht aber auch darauf, daß dieser Anspruch von Seriosität bisher sozusagen von Amts wegen auch anerkannt worden ist: Der Verfassungsschutz hat bisher (von einigen Ansätzen in Nordrhein-Westfalen abgesehen) keinen Anlaß gesehen, die »Republikaner« auch nur in seine Beobachtungen einzubeziehen – ganz zu schweigen von einer Kennzeichnung als verfassungsfeindlich. So wurde dieser Partei gleichsam demokratische Unbedenklichkeit bescheinigt und die Hemmschwelle, sich zu ihr zu bekennen, wesentlich gesenkt.

3. Wem nützt die extreme Rechte?

Wo immer rechtsextreme Kräfte sich formierten, ordnen sie sich ein in den Kampf gegen Demokratie und Liberalität, gegen die politischen und sozialen Rechte der arbeitenden Bevölkerung, vorab und mit besonderer Militanz gegen die Arbeiterbewegung. Das soziale Wesen kommt, wie im *Ersten Teil* dargelegt wurde, besonders konsequent zum Ausdruck, wenn die extreme Rechte in Gestalt des Faschismus die politische Macht erobert. Aber auch schon als politische Partei greift sie in dieser Weise in die politische Auseinandersetzung ein. Und selbst dann schon, wenn sie zahlenmäßig noch relativ schwach ist, erzeugt sie politische Wirkungen. Diese Erfahrung ist für die Gegenwart besonders wichtig, weil wir es hier mit Parteien und Ideologien der extremen Rechten zu tun haben, während die Gefahr eines faschistischen Herrschaftssystems gegenwärtig nicht akut ist.

Die extreme Rechte erzeugt einerseits ideologische Wirkungen dadurch, daß sie bestimmte Erklärungen und Feindbilder für akute Problemlagen propagiert. Sie lenkt damit erstens von den wirklichen Ursachen ab, macht die Betroffenen also wehrlos und benutzbar für fremde Zwecke. Und sie produziert zweitens ein Gewaltpotential, das sich, wenn der Problemdruck wächst, in aggressive Aktivitäten umsetzen kann.

Andererseits greift die extreme Rechte direkt ein in die politische Konstellation: Sie schüchtert die Linke ein durch Drohungen, aggressives Auftreten und terroristische Aktivitäten. Sie ist als Streikbrecher ebenso einsetzbar wie als militanter Druck zur Eroberung der Säle und der Straßen. Sie ermutigt zugleich alle, die reaktionäre und militaristische Ziele vertreten, sich offener zu artikulieren. Und sie bietet schließlich Bündnis- und Koalitionsmöglichkeiten für jene Kräfte, die den Handlungsspielraum der demokratischen und sozialistischen Potenzen einschränken möchten. Kurzum: Sie fungieren als eine Kraft, die das politische Klima und das reale Kräfteverhältnis in einer Gesellschaft nach rechts zu drücken droht.

Für den Fall, daß die Unzufriedenheit mit den bestehenden Zuständen wächst und größere Bevölkerungsteile nach einer Alternative zu suchen beginnen, steht die extreme Rechte bereit, die Suchenden nach rechts zu lenken. Jeder Jugendliche, der für die »Wiking-Jugend« gewonnen wird, ist nicht nur für die Gewerkschaftsjugend oder die Grünen verloren, sondern er ist sogar terroristisch einsetzbar gegen alles, was links ist.

Vom sozialen Wesen der extremen Rechten her ist es erklärlich, daß führende Kräfte aus Großwirtschaft und Militär sowie konservative Politiker und Ideologen vielfach Bündnisse mit der extremen Rechten geschlossen und in einer Reihe von Ländern den Faschismus auch zur Macht gebracht haben. Es stellt sich die Frage, ob solche Konstellationen auch heute in hochentwickelten Ländern wie der Bundesrepublik noch möglich sind.

Daß diese Kräfte keine prinzipiellen Einwände gegen die extreme Rechte haben, geht schon daraus hervor, daß sie auch nach 1945 rechtsgerichtete Diktaturen in vielfältiger Weise unterstützt haben: von den fortdauernden faschistischen Systemen in Spanien und Portugal über die neu errichteten Diktaturen in Griechenland (1967), Chile (1973), der Türkei (1980) und anderen Ländern bis zu dem Rassistenregime in Südafrika. Wie immer in der Geschichte hängt die Frage, welche politischen Bundesgenossen und welche Staatsform die Oberklassen favorisieren, auch heute von den konkreten Bedingungen ab.

Zu untersuchen wäre also einerseits die gegenwärtige Interessenlage dieser Klassen, aus der sich ihre politischen Ziele ergeben; und andererseits das politische Kräfteverhältnis, das darüber bestimmt, in welchem Umfang diese Ziele mit Aussicht auf

Erfolg in Angriff genommen werden können. Eine solche Untersuchung ist an dieser Stelle nicht möglich, denn sie würde eine Gesamtanalyse der gegenwärtigen Gesellschaft in ökonomischer, politischer und ideologischer Hinsicht voraussetzen. Die folgenden Tatsachen und Äußerungen geben jedoch einige Auskunft.

Daß zwischen der gemäßigten und der extremen Rechten vielfältige ideologische und politische Beziehungen bestehen, die bis in Regierungskreise hineinreichen, wurde hier bereits dargelegt. Ob die extreme Rechte jedoch wirklich als Bündnispartner anerkannt und womöglich sogar massiv unterstützt werden sollte, ist sehr umstritten. Bislang herrscht die Auffassung vor, daß solche Bündnisse nicht geschlossen werden sollten. Dies ist die Position der Führung der Union, und auch eine Analyse aus dem »Institut der Deutschen Wirtschaft« über »Republikaner und Grüne« kommt zu diesem Ergebnis.[136]

Es gibt allerdings auch andere – durchaus nicht unmaßgebliche – Stimmen.[137] Die Frankfurter Allgemeine Zeitung, die so etwas wie ein ideologisches Leitorgan der Führungsschichten der Bundesrepublik darstellt und sich selbst als liberal versteht, arbeitet sehr gezielt auf ein Bündnis mit der extremen Rechten hin. Bereits 1984, als die Nationale Front in Frankreich auf über 10% anstieg, setzte sich die FAZ für ein Bündnis der bürgerlichen Kräfte mit dieser Partei ein, damit der Kampf gegen die Linke effektiver geführt werden könne.[138] Und seit den Wahlerfolgen der »Republikaner« stellt sie diese Partei als im Ganzen ehrenwert und akzeptabel dar und plädiert dafür, sie nicht auszugrenzen. Aus dem rechten Flügel der Unionsparteien sind ähnliche Stimmen vernehmbar.

Es geht dabei einmal um die Frage ideologischer Nähe und zum zweiten um die Frage politischer Bündnisse. Der CSU-Vorsitzende Waigel fordert: »Zur deutschen Frage gehören auch die ostdeutschen Gebiete jenseits von Oder und Neiße« (Waigel beim Schlesiertreffen Anfang Juli 1989 in Hannover). Der bayerische Ministerpräsident Streibl stellte fest: »Schönhuber vertritt weithin CSU-Positionen, gerade im Bereich der Ausländerpolitik«. Er bestand lediglich darauf, daß es die »Republikaner« waren, die von der CSU abgeschrieben haben – und nicht umgekehrt.

So ähnlich sieht auch Dregger die Beziehung zu den »Republikanern«.[139] Und was mögliche politische Bündnisse betrifft, so warnt der niedersächsische Landesvorsitzende Hasselmann davor, Abgrenzungsbeschlüsse zu fassen. Die CSU in Nürnberg distanzierte sich von einer gegen die »Republikaner« gerichteten Initiative der beiden Kirchen und des DGB mit der Begründung, dies bedeute eine »Verteufelung bestimmter politischer Richtungen«. Lummer, führender Repräsentant der CDU in West-Berlin, möchte die FDP aus den Parlamenten raus und die »Republikaner« rein haben, um eine wirkliche Rechtskoalition bilden zu können. Er verwahrt sich dagegen, daß durch die Polemik der Linken gegen die »Republikaner« diese Partei der CDU als möglicher Koalitionspartner genommen werden soll.[140]

Die Sympathien für einen solchen Kurs sind auf dem rechten Flügel der Unionsparteien offenbar beträchtlich. Die von der SPD initiierte Studie über die »Republikaner« kommt zu dem Ergebnis, daß in der Union die Kräfte, die die ideologische und politische Annäherung wollen, »auf dem Vormarsch« seien.[141] Auch reale Ansätze zu politischen Bündnissen sind schon erkennbar (z. B. bei der Bürgermeisterwahl in Bad Hersfeld, in Wölfersheim in Hessen, in Königsbrunn bei Augsburg usw.).[142]

Durchgesetzt und in der politischen Beschlußlage fixiert hat sich bisher jedoch die Gegenposition: Es darf keinerlei Zusammengehen mit den Republikanern geben – gleichgültig, ob auf Bundes-, Landes- oder Kommunalebene. Heiner Geißler, der damalige Bundesgeschäftsführer der CDU, führte als Begründung nicht nur den Charakter der »Republikaner« an (»billig, braun und von gestern«), sondern auch das politische Klima in der Bundesrepublik: Das »Anbändeln« nach rechts würde die CDU so viele Stimmen in der Mitte kosten, daß sie bis auf 20% absinken könne.[143]

Die Führung der Unionsparteien schätzt das politische Klima in der Bundesrepublik offenbar so ein, daß ein Votum für ein Bündnis mit den »Republikanern« der Union weitere Verluste bringen würde. In der Tat ist selbst innerhalb der Union die Stimmung so beschaffen, daß nur 4% eine Koalition befürworten und weitere 10% für den Fall, daß Union und FDP nicht mehr über die Mehrheit verfügen.[144] Daß aber ein derart beschaffenes politisches Klima in der Bundesrepublik entstehen konnte, hängt mit eben den Demokratisierungsprozessen seit dem Ende der 60er Jahre zusammen, die bereits beschrieben worden sind. Gerade auch die dezidiert antifaschistischen Aktivitäten haben dazu wesentlich beigetragen. Dieses Klima zu erhalten und zu verstärken, gehört also zu den zentralen Aufgaben der Demokraten.

Die gleiche Auseinandersetzung findet innerhalb der bürgerlichen Kräfte in Frankreich statt. Der damalige Innenminister Pasqua bestimmte die Beziehung zur Nationalen Front so: »Im wesentlichen beruft sich die Nationale Front auf die gleichen Sorgen, die gleichen Werte wie die 'bürgerliche Mehrheit'. Sie drückt sich nur etwas brutaler, etwas lautstärker aus.«[145] Dies ist in der Tat eine realistische Definition der Beziehung zwischen »bürgerlichen« Kräften und der extremen Rechten.

Aus alledem folgt, daß es jetzt schon politische und ideologische Kräfte in den Führungsschichten entwickelter kapitalistischer Länder gibt, die Bündnisse mit der extremen Rechten zu schließen bereit sind. Ob diese Kräfte den politischen Kurs dieser Führungsschichten zu bestimmen vermögen, hängt aber nicht nur von deren inneren Willensbildung ab. Dabei ist es wichtig zu sehen, daß es dort unterschiedliche Interessen und Einschätzungen gibt: z. B. zwischen florierenden, auf dem Weltmarkt dominierenden Branchen und krisengeschüttelten – etwa in der Frage, ob man Gewerkschaften eher durch soziale Konzessionen integrieren oder eher eine repressive Politik betreiben soll. Die Frage, ob die extreme Rechte als Bündnispartner in Betracht kommt, hängt jedoch entscheidend auch davon ab, ob ein solches Bündnis als mehrheitsfähig und durchsetzungsfähig eingeschätzt wird. Anders gesagt: Es hängt dies ab von der Stärke, der Handlungsfähigkeit und der Strategie der Gegenkräfte.

4. Gegenstrategien

a. Gegenstrategien – wozu?

Ist der Aufschwung der extremen Rechten denn ein Grund, »Gegenstrategien« zu entwickeln? Gibt es denn überhaupt Anlaß zu besonderer Aufmerksamkeit?

Schon beim Aufschwung der NPD nach 1966 haben manche Soziologen erklärt, ein gewisses Potential dieser Art gehöre in »westlichen Industriegesellschaften« einfach dazu. »Rechtsradikalismus ist unter dieser Perspektive eine 'normale' Pathologie von freiheitlichen Industriegesellschaften.«[146] Die gleiche *These von der »Normalität« rechtsextremen Potentials* wird nun auch angesichts der neuen Wahlerfolge der extremen Rechten vertreten und mit dem Hinweis auf ähnliche Erscheinungen in anderen Ländern Westeuropas begründet.[147]

Dies ist eine Beurteilung, die wissenschaftlich fragwürdig und politisch mindestens sehr leichtfertig ist. Was zunächst den Begriff der »Normalität« angeht: Sicherlich gibt es solche Erscheinungen auch in anderen Ländern. Aber was folgt daraus? Was folgt z.B. daraus, daß große Menschenmassen zum Hungern und Verhungern verurteilt sind in vielen Ländern der Dritten Welt? Wird Verhungern damit zu einer »normalen« Erscheinung in dem Sinne, daß es sozusagen dazugehört in diesen Regionen, daß man dagegen nichts zu tun braucht? Ist nicht gerade die »Normalität« hier das Empörende? Und weiter: Heißt denn »Normalität«, daß eben ein bestimmter Prozentsatz der Bevölkerung als Faschisten geboren wird – so wie ein bestimmter Teil rothaarig geboren wird? Oder daß er unausweichlich sich zu Faschisten entwickeln muß? Oder heißt es, daß in »westlichen Industriegesellschaften« ein bestimmter Teil der Bevölkerung eben solchen Bedingungen überlassen ist, daß er zum Faschismus gelangen muß? Das würde heißen, daß die sozialen Bedingungen selber als unabänderlich gelten; und daß auch die Art und Weise, wie sie von den Individuen interpretiert und verarbeitet werden, als mechanistischer Zusammenhang gefaßt wird, daß also Alternativen ausgeblendet werden. Beides ist empirisch und theoretisch falsch.

Und schließlich verkennen solche Urteile völlig die politischen Wirkungen, die von der extremen Rechten ausgehen, und die Dynamik, die in solchen politischen Prozessen angelegt ist. Schon kleine rechtsextreme Gruppen können, wie bereits dargestellt, schlimme Wirkungen hervorbringen. Entsteht nun der Anschein, daß es sich bei solchen Gruppen um »normale« Erscheinungen des politischen Lebens handelt, so sinkt die Hemmschwelle, sich zur extremen Rechten zu bekennen. Die »Republikaner« konnten von diesem Effekt bereits profitieren.

Verstärkt sich dann in einer Gesellschaft der Problemdruck, so kann die extreme Rechte, wenn sie freie Bahn erhält, mächtig an Boden gewinnen und verheerende Folgen erzeugen. Die geschichtlichen Erfahrungen sollten hier eindrucksvoll genug sein.

Der Begriff der »Normalisierung« aber bedeutet auch deswegen eine Verharmlosung, weil der Zulauf zur extremen Rechten in unserem Lande nun einmal etwas anderes bedeutet als in anderen Ländern. Denn erstens wurden die ideologischen Traditionen der extremen Rechten 1945 nicht gebrochen, sondern wirkten in vielfältiger Weise weiter. Die extreme Rechte der Gegenwart ist nicht nur Resultat aktueller Problemlagen, sondern steht zugleich in dieser Tradition, die eben durch all das geprägt und belastet ist, was sich mit dem Namen Faschismus verbindet. Und zweitens ist der deutsche Nationalismus der Gegenwart der einzige in Europa, der sich nicht auf die Grenzen des gegebenen Staates bezieht, sondern auf weit größere Territorien, der also Expansionsansprüche enthält. Schon deswegen stellt er eine akute Bedrohung des Friedens in Europa dar. Der Begriff der »Normalisierung« verdeckt auch diesen Zusammenhang.

Die Entwicklung von Gegenstrategien ist also dringend geboten. Unsere Untersuchung hat bereits gezeigt, daß der Zulauf zur extremen Rechten sich nicht allein aus ideologischen Irrtümern und politischer Verführung erklären läßt. Vielmehr sind es reale Probleme und Erfahrungen, die Bedrohungsängste erzeugen. Freilich sind es dann bestimmte Denkmuster, die diese Bedrohungsängste nach rechts, in die Kanäle der »Republikaner«, leiten. Eine Gegenstrategie hat folglich von beiden Momenten auszugehen: Sie hat sowohl die soziale Realität ins Auge zu fassen wie auch die ideologische Auseinandersetzung, in der sich entscheidet, wie die soziale Realität, wie die realen Erfahrungen interpretiert und welche politischen Folgerungen daraus gezogen werden. Dies stellt die strategische Dimension des Problems dar.

Nun sind wir aber mit dem Faktum konfrontiert, daß die extreme Rechte in Gestalt von Parteien und Parlamentsvertretungen von beachtlicher Stärke bereits existiert. Es ist also auch die Frage zu stellen, wie hier und heute schon Demokraten sich zu verhalten haben, um die Wirksamkeit dieser Kräfte sogleich und an jedem Ort möglichst einzuschränken. Dies ist die taktische Seite des Problems.

b. Die realen Probleme anpacken

Massenarbeitslosigkeit, ungeschützte Arbeitsverhältnisse für Millionen von Menschen und Ausgrenzung von sozial Schwachen, Wohnungsnot und Perspektivlosigkeit für Jugendliche sind kein Sachzwang und kein Schicksalsereignis, sondern Resultat gesellschaftlicher Machtverhältnisse und politischer Entscheidungen. Daß derartiges in einem Lande wie der Bundesrepublik vorkommt, die zu den reichsten Ländern der Welt gehört, stellt einen fortwährenden Skandal dar. Er beruht darauf, daß die Logik des Kapitals sich in hohem Maße durchsetzen konnte. Dies geschah, wie bereits dargelegt, in beschleunigtem Tempo durch die Regierung der »Wende« seit 1982. Es war jedoch bereits durch die sozial-liberale Regierung seit dem Beginn der Massenarbeitslosigkeit (1974) eingeleitet (und auch bereits damals als »Sachzwang« dargestellt) worden. Daß beide große Parteien an Glaubwürdigkeit und deshalb an Integrationskraft verloren haben, hängt – neben den vielen Fällen von Korruption usw. – auch damit zusammen. Eine Untersuchung in West-Berlin ergab, daß 43% der Bevölkerung »keiner der Parteien« Glaubwürdigkeit zusprach, wobei die AL noch an der Spitze der Glaubwürdigkeit lag (mit 15% vor SPD und CDU mit jeweils 14% und FDP mit 2%).[148]

Der politische Kampf geht also prinzipiell darum, der Logik des Kapitals eine andere, an der Befriedigung gesellschaftlicher Bedürfnisse orientierte Logik entgegenzusetzen. Dies verlangt, daß die wirklichen Ursachen der sozialen Unsicherheiten und Defizite aufgedeckt werden. Wer sich betroffen und bedroht fühlt, will wissen, welches die Ursachen der Misere und wer die Schuldigen sind. In der Tat kann der Satz »Ausländer sind schuld an der Arbeitslosigkeit« nur bei einer Belegschaft, nur bei einer Bevölkerung Erfolg haben, die nicht weiß, welches tatsächlich die Ursachen der Arbeitslosigkeit sind. Unwissenheit und Falschwissen sind Voraussetzung dafür, daß solche Feindbilder geglaubt werden können. Eben deshalb werden sie auch durch ideologische Apparate in großem Maßstab erzeugt. Unwissen macht wehrlos. Unwissende können für beliebige Zwecke instrumentalisiert werden. Sie können gegen Juden oder Russen, gegen Türken oder Asylanten gehetzt werden, ohne zu begreifen, für wessen Zwecke sie da eigentlich agieren.

Das Ringen um Erkennntnis, um Klärung der Ursachen und Zusammmenhänge ökonomischer und politischer Prozesse, also um *politische Bildung*, bleibt fortwährende Aufgabe für alle, die aus der Rolle von Objekten des Geschehens heraustreten und sich zu Subjekten der eigenen Lebensgestaltung erheben wollen.

Jede Ursachenanalyse enthält im Keim schon Vorschläge zum Handeln. Aus dem Satz »Die Ausländer sind schuld an der Arbeitslosigkeit« ergeben sich sozusagen »von selbst« Schlußfolgerungen, was denn nun zu geschehen hätte. (Und wenn sie von den Regierenden nicht gezogen werden, so nehmen die von dieser Ideologie Ergriffenen die Sache eben selber in die Hand!)

Auch aus der Erkenntnis über die wirklichen Ursachen der sozialen Defizite und vielfältigen Gefahren ergeben sich Schlußfolgerungen fürs Handeln. Sie müssen freilich immer aufs neue konkretisiert werden für die einzelnen Problemfelder: Vom Wohnungsbau angesichts wachsender Zahlen von Aus- und Übersiedlern, Studierenden und Alleinlebenden bis zur Umstellung von Rüstungsproduktion auf die Produktion ziviler Güter; vom Ausbau des Qualifikationssystems angesichts rasch sich verändernder Produktionsmethoden bis zum Umweltschutz angesichts globaler Kausalbeziehungen bei gleichzeitig anhaltendem Konkurrenzkampf zwischen den nationalen Kapitalen.

Solche Alternativen zu erarbeiten und zugleich so zu vermitteln, daß die betroffenen Schichten und Klassen darin ihre Probleme und ihre Bedürfnisse wiederfinden können, ist die Aufgabe linker Politik. Sie hat zugleich sichtbar zu machen, auf welche sozialen Interessen und politischen Kräfte ein Bündnis sich stützen kann, das solche Alternativen in Angriff nehmen kann.

Der harte Kern jeder sozialpolitischen Alternative ist die Umverteilung des gesellschaftlichen Reichtums nach dem Maßstab gesellschaftlicher Bedürfnisbefriedigung. Daß es dafür an finanziellen Mitteln fehle, ist angesichts der Realität so absurd, daß man sich wundern muß, daß das überhaupt noch jemand vorzubringen wagt. Die Produktivität der Arbeit und der gesellschaftliche Reichtum sind in atemberaubendem Tempo gestiegen. Die Profite des Kapitals sind besonders in den letzten Jahren geradezu explodiert.[149] Und was die staatlichen Mittel betrifft, so werden unvorstellbare Summen für die Aufrüstung vergeudet. In einer Zeit, in der die Gegenseite ständig Abrüstungsvorschläge unterbreitet, hält die Regierung an ihrer Rüstungspolitik eisern fest. Immer neue Waffensysteme werden konstruiert, die für Jahrzehnte riesige Kosten beinhalten (ein einziges Kampfflugzeug kostet demnächst an die einhundert Millionen Mark!). Was also zur Lösung der sozialen Probleme fehlt, sind nicht die finanziellen Mittel, sondern die politischen Kräfte, die einer anderen Logik Geltung verschaffen könnten. Die internationale Konstellation, insbesondere die Politik der Regierung Gorbatschow, und die Auflösung des Feindbildes von der »Bedrohung aus dem Osten« im Bewußtsein der Bevölkerung bieten für die Formierung einer solchen Kräftekonstellation aber gute Voraussetzungen.

Lösungsvorschläge für die drängenden Probleme zur Diskussion zu stellen – dies ist wichtig, reicht aber nicht aus. Individuen und Gruppen, die von Bedrohungsängsten ergriffen sind, entwikkeln – gerade dann, wenn sie nicht resignieren – den Drang, Aktivität zu entfalten, um den Bedrohungen entgegenzutreten. Programm und Politik der extremen Rechten enthalten in der Tat nicht nur ideologische Angebote (in Gestalt von Interpretationen und Feindbildern), sondern auch politische in Gestalt von organisierten Handlungsmöglichkeiten. Aufgabe der Linken wäre es, Handlungspotentiale so zu organisieren, daß sie sich gegen die tatsächlichen Ursachen der Bedrohungen richten. Nur so kann die Linke sich als eine Kraft darstellen, die etwas zu bewirken, die Zukunft zu gestalten vermag. Der *Erste Teil* hat gezeigt, daß es beträchtliche Schichten geben kann, die in Bewegung geraten, ohne in ihrer Richtung schon festgelegt zu sein. Gerade für diese nach einer Alternative suchenden, zugleich aber politisch schwankenden Schichten kann es entscheidend sein, ob die Linke oder die Rechte sich als stärker handlungsfähig zu präsentieren vermag. In dieser Hinsicht haben Massenaktivitäten wie Streiks und Demonstrationen, auch antifaschistische Demonstrationen, einen starken Mobilisierungseffekt.

Zunächst besteht das Ziel solcher Gegenstrategien also darin, Konzepte und Bündnisse zu entwickeln, um die aktuellen gesellschaftlichen Probleme anzupacken. So könnten die gesellschaftlichen Bedingungen verändert werden, die massenhaft Bedrohungsängste erzeugen, und zugleich die Denk- und Verhaltensmuster, die bewirken, daß solche Bedrohungsängste sich umsetzen in ein politisches Votum für die extreme Rechte. Es geht also nicht nur um verbesserte soziale Betreuung von gefährdeten Jugendlichen und nicht nur um verbesserte Sozialpolitik, sondern es geht um eine Veränderung der politischen und gesellschaftlichen Machtverhältnisse, denn den existierenden sozialen Mängeln liegen ja nicht ideologische Irrtümer der Regierenden zugrunde, sondern starke soziale Interessen. Und es geht nicht um Befriedung, Stillstellung der in Bewegung geratenen Gruppen und Schichten, sondern um deren Mobilisierung, damit sie sich zu Subjekten konstituieren können, die ihr Schicksal selber in die Hand nehmen. Es geht um »Gegenmacht«.

Der demokratische Verfassungsstaat ermöglicht die Organisierung und Artikulation solcher Gegenmacht. Konservative Verfassungsrechtler und Publizisten sind zwar ständig bemüht, genau das zu verhindern und die Verfassung so zu interpretieren, als seien die Stimmabgabe bei Wahlen und die individuelle Meinungsäußerung das einzige, was dem Volk zustehe – und alles andere sei Sache der Parlamente und Regierungen. Es besteht aber überhaupt kein Grund für das Volk – auch kein verfassungsrechtlicher –, sich in dieser Weise entmündigen zu lassen.

Durch tiefgreifende soziale Reformen, die nach aller geschichtlicher Erfahrung nur durch massenhaften Druck von unten erzeugt werden können, sind die Auswirkungen ökonomischer Krisen und überhaupt der Logik des Kapitals ohne Zweifel wesentlich zu mildern. Abzuschaffen aber sind sie nicht, solange die Eigentumsverhältnisse so sind, wie sie sind. Die soziale Wirklichkeit auch in den reichsten und am höchsten entwickelten kapitalistischen Ländern zeigt sehr anschaulich, daß diese Eigentumsordnung nach wie vor ihre Logik unerbittlich entfaltet, soweit ihr nicht durch reale Gegenmacht Einhalt geboten wird. Die Verelendung vieler Millionen von Menschen und ganzer Regionen in Großbritannien und den USA spricht eine deutliche Sprache. Und als eine mögliche (hilflose) Reaktion auf diese Logik bleiben auch rechtsextreme Deutungsmuster und Forderungen, bleibt der Aufschwung extrem rechter Kräfte prinzipiell möglich.

Schrittweise einzuschränken und gänzlich aufzuheben sind solche Tendenzen nur dadurch, daß die Politik der sozialen Reformen von Anfang an so ausgerichtet ist, daß sie nicht nur auf die Milderung der Folgen zielt, sondern auch in den sozialökonomischen Ursachenkomplex eingreift: In die Verfügungsgewalt über die Produktionsmittel. Diese Verfügungsgewalt der Kapitaleigner einzuschränken durch Elemente demokratischer Kontrolle, um so in den Wirschaftsprozeß Elemente einer anderen – demokratischen, an gesellschaftlichen Bedürfnissen orientierten – Logik einzuführen, wäre das strategische Ziel einer Umgestaltung, die der extremen Rechten längerfristig den gesellschaftlichen Boden entziehen würde. Auch dafür stellt die Verfassungsordnung der Bundesrepublik alle Möglichkeiten bereit: vom Sozialisierungsartikel des Grundgesetzes (Art. 15) bis zu den entsprechenden Artikeln der Länderverfassungen.

c. Die Ausländerfrage

Die Wähler der »Republikaner« halten die Ausländerfrage für die wichtigste überhaupt. Die Ausländer werden in vielfacher Hinsicht als Bedrohung gesehen: von den unteren Schichten mehr in materieller Hinsicht bei der Konkurrenz um Arbeitsplätze und Wohnungen. Von den gehobenen Schichten mehr als kulturelle Bedrohung, als »Überfremdung« deutscher Lebensweise und Zerstörung deutscher Kulturtraditionen. Aber auch allgemeines Unbehagen über die rasend schnelle Veränderung der eigenen Lebenswelt in den Dörfern und Stadtteilen, in der Landschaft wie am Arbeitsplatz, über den Verlust des Gewohnten und Vertrauten kann auf die Ausländer projiziert werden: Man fühlt sich »fremd im eigenen Land«, und was liegt näher als die Antwort: das kommt daher, daß es hier zu viele Ausländer gibt?

Die Wähler der »Republikaner« treten also dafür ein, daß die Zahl, die Rechte und die Aufenthaltsmöglichkeiten der Ausländer energisch reduziert werden. Es ist diese Überzeugung, die – bei großen Unterschieden der sozialen und politischen Herkunft und der Altersstufen – diese Wähler eint. Anders gesagt: In der Ausländerfeindlichkeit findet die extreme Rechte diejenige Ideologie, in der Bedrohungsängste und Unzufriedenheit verschiedenster Art sich konzentrieren lassen.

Insofern kommt der Ausländerfeindlichkeit eine ähnliche Funktion zu wie dem Judenhaß in der Agitation der extremen Rechten der 20er und 30er Jahre. Es gibt allerdings einen nicht unwichtigen Unterschied: Den Arbeitern konnten damals die Juden nicht als Bedrohung suggeriert werden, weil sie in ihrem Lebens- und Arbeitsbereich gar nicht als Konkurrenten erfahrbar waren. Der Antisemitismus war denn auch eine Sache der Mittelschichten und der »Gebildeten« und fand in der Arbeiterschaft kaum Resonanz. So gesehen, könnte die Ausländerfeindlichkeit heute als Mobilisierungsideologie der Rechten noch breiter wirken als der Antisemitismus damals, denn sie könnte tendenziell alle Schichten und Klassen ansprechen.

Aus diesen Überlegungen wird deutlich, wie wichtig die Ausländerfrage auch für die Entwicklung von Gegenstrategien ist. Zentral sind dabei die folgenden Problemfelder:

1. Ausländerfeindlichkeit in diesem Maße kann nur dann entstehen, wenn größere Bevölkerungsteile von Bedrohungsängsten ergriffen werden. In der Tat gab es zwar auch in den Zeiten der Vollbeschäftigung bis 1974 mancherlei Konflikte. Aber massive Ausländerfeindlichkeit gibt es erst, seit die Angst um den Arbeitsplatz und den sozialen Status das Denken von Millionen von Menschen beherrscht. Als dann noch der Mangel an bezahlbaren Wohnungen in manchen Regionen sich drastisch verschärfte, war jenes Gemisch vorhanden, das von der extremen Rechte entzündet werden konnte.

Die Schaffung von Arbeitsplätzen und Wohnungen würde der Agitation der Rechten einen Teil ihrer Wirksamkeit nehmen. Auch diese Zusammenhänge zeigen, welche Verantwortung den Regierungen für den Aufschwung der extremen Rechten auch in dieser Hinsicht zukommt: Seit dem Beginn der 60er Jahre entsandte die Bundesrepublik private und staatliche Werber in alle erreichbaren Länder Europas, um Arbeitskräfte anzuwerben. Selbstverständlich kamen nicht nur Arbeitskräfte, sondern es kamen Menschen mit menschlichen Bedürfnissen – und übrigens auch mit »Menschenrechten«, von denen in den Sonntagsreden und gegenüber den sozialistischen Ländern immer so viel die Rede ist. Es kamen also natürlich auch Familienangehörige.

Haben die Regierungen entsprechende Vorkehrungen getroffen? Haben sie Arbeitsplätze langfristig gesichert? Haben sie Wohnungen und Schulen gebaut? Haben sie Lehrer und Kindergärtnerinnen, Krankenschwestern und Pfleger in hinreichender Zahl eingestellt? Das alles haben sie offenbar nicht getan. Sondern sie haben, je mehr der Problemdruck anwuchs, selber die Ideologie genährt, es seien die Ausländer, die »den Arbeitsmarkt belasten« und also schuld seien an der Misere.

2. Das beängstigende Gefühl, »fremd im eigenen Land« zu sein, wird freilich von Entwicklungen erzeugt, die wesentlich tiefer greifen. Zugrunde liegt jener schon dargestellte Sachverhalt, daß große Bevölkerungsteile die Entwicklung von Gesellschaft und Politik nicht als Resultat eigenen Wollens und Handelns

erfahren, sondern als fremde Macht, die über sie kommt, als Schicksal. Nimmt diese Entwicklung, die – reichlich verharmlosend – meist als »Modernisierung« bezeichnet wird, zudem ein solches Tempo an, daß die gewohnte Lebenswelt rasend schnell umgestaltet wird, und erzeugt sie auch noch Gefahren ganz neuer Qualität (wie die rasche Zerstörung der Umwelt), dann kann die latente Furcht leicht in Aggressivität umschlagen. Die Sehnsucht nach einem gesicherten Dasein, nach »Heimat«, kann dann in offenen Haß gegen die umschlagen, die dem Anschein nach die gewohnte und vertraute Lebenswelt gestört haben.

Hier wird erneut die Bedeutung dessen erkennbar, was im *Ersten Teil* als *soziale und geistige Gegenmacht* entwickelt worden ist. Denn ein wirklicher Ausweg kann hier ja nur dadurch geschaffen werden, daß erstens der Durchblick auf die wirklichen Zusammenhänge offengelegt wird und daß zweitens die gesellschaftlichen und politischen Machtstrukturen in der Weise umgeformt werden, daß die Bevölkerung tatsächlich ihre eigenen Lebensverhältnisse gestalten und sich so auch als Subjekt erfahren kann. Demokratisierung ist dabei nicht nur Ziel, sondern auch Mittel: die Einbeziehung möglichst Vieler, vor allem auch der nach Orientierung suchenden Jugendlichen in soziale Aktivitäten bedeutet bereits ein Stück Überwindung von Entfremdung.

3. Es ist aber auch der Frage nachzugehen, wie denn die Beziehungen zwischen den Deutschen und den Ausländern gesellschaftlich und rechtlich gestaltet werden sollen. Sollen sie »zu uns« gehören oder dauerhaft außerhalb bleiben? Nach welchen Maßstäben soll entschieden werden, wer »zu uns«, zu dieser Gesellschaft gehört und wer nicht?

Die Regierenden der Bundesrepublik halten in dieser Frage fest an der Vorstellung, daß eine Gesellschaft letzten Endes ethnisch definiert ist: durch die Zugehörigkeit zum gleichen Volk. Daraus folgt, daß die deutschstämmigen Bewohner Rumäniens, Polens und der Sowjetunion »zu uns« gehören und also ohne Schwierigkeiten in die Bundesrepublik einwandern können. Sie erhalten auch sofort die Staatsbürgerschaft und das Wahlrecht – obwohl sie hier natürlich real Fremde sind für längere Zeit. Diejenigen hingegen, die als »Nicht-Deutsche« hier leben, werden als

»Nicht-Zugehörige« behandelt, selbst dann, wenn sie hier seit Jahrzehnten mit uns leben und arbeiten und sogar hier schon geboren und aufgewachsen sind. Zugrunde liegt eine *völkische* Auffassung von Staat und Gesellschaft. Und tatsächlich wird bei Fragen von Einbürgerung und Staatsangehörigkeit verfahren nach einem Gesetz aus dem Jahre 1913, als der kaiserliche Obrigkeitsstaat der völkisch-blutsmäßigen Auffassung von nationaler Gemeinschaft sich verpflichtet fühlte.[150] Daraus wird dann nicht nur der Anspruch abgeleitet, daß die Bundesrepublik auch für »die Deutschen« in der DDR und den osteuropäischen Ländern zuständig sei, sondern es wird daraus auch die Ausgrenzung der viereinhalb Millionen Ausländer abgeleitet.

Geht man hingegen von Grundsätzen der Demokratie und der allgemeinen Menschenrechte aus, dann gehören alle »zu uns«, die hier für längere Zeit leben und arbeiten. Sie bilden die Gesellschaft, die sich auf der Basis demokratischer Willensbildung über ihren politischen Weg verständigt. Der Staat kann in der Demokratie gar nichts anderes sein als die Institution, die diesen demokratischen Willensbildungsprozeß der Gesellschaft politisch organisiert. Daraus folgt, daß alle, die real Gesellschaftsmitglieder sind, auch alle demokratischen Rechte haben müssen – und nicht nur die »Deutschstämmigen«.

Daraus folgt nun wiederum, daß die meisten Ausländer »zu uns« gehören, »Deutschstämmige« anderer Staaten aber nicht. Im Konzept der *»multikulturellen Gesellschaft«* hat diese Anschauung ihren Ausdruck gefunden. Wir leben in einer Gesellschaft, die eben nicht nur durch unterschiedliche soziale Interessen und politische Überzeugungen, sondern auch durch unterschiedliche kulturelle Traditionen gekennzeichnet ist. Entscheidend wird sein, ob es gelingt, diesen verschiedenen Traditionen Entfaltungschancen und zugleich Möglichkeiten der Kommunikation zu gewähren, so daß sie sich nicht gegeneinander abschotten, sondern voneinander erfahren und lernen können. Die Ausgrenzung hingegen muß unausweichlich dazu führen, daß der Betonung der »deutschen Identität« dann die Betonung der »türkischen Identität« entgegengesetzt wird, daß der deutsche Nationalismus den türkischen, griechischen und spanischen schürt. Welche

Aggressionspotentiale damit in der Gesellschaft der Bundesrepublik erzeugt werden, liegt auf der Hand.

Als politische Bastion deutschnationalen und völkischen Denkens hat jahrzehntelang die Union fungiert. Sie hat auch in dieser Hinsicht den Boden geschaffen, auf dem die extreme Rechte jetzt gedeihen kann. Im Zuge der Modernisierung der CDU hat sich jedoch eine Richtung herausgebildet, die in dem Votum von Heiner Geißler für die multikulturelle Gesellschaft zum Ausdruck kam. Und es war kein Zufall, daß Geißler dieses Votum verband mit der Forderung, von den Ansprüchen auf Wiedervereinigung und auf verlorene Ostgebiete abzulassen. Durchsetzen konnte er sich damit in seiner Partei nicht. Seine Abberufung als Bundesgeschäftsführer mag auch damit zusammenhängen. Bemerkenswert ist es dennoch, daß es in der CDU eine solche Position nun gibt.

In den anderen Parteien, den Gewerkschaften und den neuen sozialen Bewegungen und den Kirchen aber hat das neue Denken, die Idee der multikulturellen Gesellschaft, schon breiter Fuß fassen können. (Schönhuber tobt denn auch gegen die »unheilige Allianz zwischen deutschen Bischöfen und Gewerkschaften«.[151]) Für diese Kräfte stellt sich die Aufgabe, dieses Konzept in all seinen Problemen und Konsequenzen zu durchdenken und seine politische Realisierung in Angriff zu nehmen. Gelingt dies, so ist der Agitation der Rechten ein Stück ihrer Wirkung genommen.

Daß die Bundesrepublik nicht unbegrenzt Einwanderer aufnehmen kann, ist selbstverständlich und sollte von der Linken auch in aller Klarheit gesagt werden. Wenn es aber Begrenzungen geben muß, dann stellt sich die Frage, nach welchen Kriterien entschieden werden soll, wer vorrangig das Recht auf Zuwanderung haben soll. Nach der herrschenden Politik, die nach ihren völkisch-nationalistischen Kriterien entscheidet, haben die »Deutschstämmigen« absoluten Vorrang. Geht man aber von den allgemeinen Menschenrechten aus, dann haben selbstverständlich diejenigen Vorrang, die von Verfolgung, Folter und Tod bedroht sind, also die Asylanten. Ihre nationale und völkische Zugehörigkeit darf dabei überhaupt keine Rolle spielen. Die

»Deutschstämmigen« aus den osteuropäischen Ländern gehören dazu in der Regel nicht.

Die Bundesregierung hält freilich an ihrem Anspruch auf Allzuständigkeit für »alle Deutschen« dieser Länder fest und hat ihnen allen auch die Aufnahme versprochen. Aber sie hat auch in diesem Fall keinerlei Vorsorge getroffen in Hinsicht auf Arbeitsplätze, Wohnungen, Krankenversorgung usw. Die Fremdenfeindlichkeit, die im Verlaufe der 80er Jahre bereits einer wachsenden Akzeptanzbereitschaft gewichen war, wurde dadurch wieder wach. Denn der Konkurrenzkampf um Arbeitsplätze und Wohnungen wurde massiv verschärft, und zudem wurden diese Aussiedler oft noch bevorzugt behandelt gegenüber den Bundesbürgern. Auch hier besteht die Gefahr, daß die Unzufriedenheit, obwohl durch die Politik der (gemäßigten) Rechten erzeugt, der (extremen) Rechten zugute kommt – wenn die Linke nicht auch in der Ausländerfrage zu klaren Positionen und Lösungsvorschlägen findet. Und dazu gehören eben klare Worte über den völkischen Nationalismus, der dieser Politik zugrundeliegt, und ebenso über den Anspruch, daß die Bürger der DDR Staatsbürger der Bundesrepublik seien und daß der Staat DDR eine eigene Staatsbürgerschaft gar nicht habe. Daß dies nicht nur den Prinzipien des Völkerrechts, sondern auch denen der Logik eklatant widerspricht, liegt ja wohl auf der Hand. Und dennoch gibt es in der politischen Öffentlichkeit sichtlich Hemmungen, das offen auszusprechen.

d. Wie mit der extremen Rechten umgehen?

Die Wähler der Republikaner und der NPD/DVU seien doch keine Faschisten, heißt es vielfach, sondern Protestwähler, die ihre Unzufriedenheit ausdrücken wollen. Diese Aussage ist richtig und falsch zugleich. Richtig ist sie insoweit, als diese Wähler natürlich nicht eine durch und durch faschistische Weltanschauung vertreten und unabänderlich auf Faschismus fixiert sind. In diesem Sinne waren auch die zwölfeinhalb Millionen Wähler der NSDAP im Jahre 1932 keine Faschisten. Aber sie haben es durch ihr Votum für die NSDAP ermöglicht, daß faschistische Politik gemacht werden konnte. Die realen Folgen der politischen Handlungen sind es, die dann den wirklichen Gang der Geschichte bestimmen, und nicht die vielleicht gutgemeinten subjektiven Motive. Diese Folgen der faschistischen Politik aber hatten dann alle zu tragen. Diese Folgen waren jedoch vorab erkennbar und wurden von der Linken auch formuliert (z. B. in der Wahlkampf-Aussage des Jahres 1932: »Hitler bedeutet Krieg«).

Es ist also eine Sache, nach den Problemen zu fragen, die die Wähler der extremen Rechten bewegen, und diese Wähler als Suchende zu begreifen, die berechtigterweise unzufrieden sind. Hier kommt es tatsächlich darauf an, die realen Probleme anzupacken, die die Bedrohungsgefühle verursachen, und die Suchenden davon zu überzeugen, daß es die demokratischen Kräfte sind, die eine Antwort und einen Ausweg finden können.

Eine ganz andere Sache ist es hingegen, nach dem politischen Charakter rechtsextremer Parteien zu fragen. Aus ihrer Ideologie und Programmatik läßt sich erkennen, welche Folgen es hätte, wenn solche Kräfte politischen Einfluß gewinnen würden. Dies ist heute bei den »Republikanern«, bei der DVU, der NPD und der FAP ebenso klar zu erkennen, wie es damals bei den Deutschnationalen, dem »Stahlhelm« und der NSDAP der Fall war. Was den Umgang mit den *Organisationen* der extremen Rechten betrifft, kann die Schlußfolgerung also nur lauten: Es muß alles getan werden, um die Entfaltung dieser Kräfte zu hemmen und ihren politischen Einfluß zurückzudrängen. Die extreme Rechte ist eben nicht irgendeine Weltanschauung und irgendeine Organisation wie alle anderen auch, sondern sie repräsentiert die radikale Verneinung alles dessen, was eine menschenwürdige Gesellschaft ausmacht: Freiheit und Demokratie, Humanität und Toleranz, Frieden und Völkerverständigung.

Das erste Ziel hätte also darin zu bestehen, diesen politischen Charakter der extremen Rechten in der Öffentlichkeit immer wieder und bei jeder Gelegenheit deutlich zu machen. Welche Mittel jeweils angemessen sind, hängt natürlich von den jeweiligen Bedingungen ab. Es muß eingeschätzt werden, welche Resultate das eigene Verhalten jeweils erzeugt. Daß aber grundsätzlich nicht nur politische Aufklärung, sondern auch antifaschistische Kundgebungen, Demonstrationen, Mahnwachen usw. gebraucht werden, ist – gerade angesichts der geschichtlichen Erfahrungen – unzweifelhaft. Mobilisierung der eigenen Potentiale, deren Ermutigung und deren Ausstrahlung auf andere, bisher nicht in die Auseinandersetzungen einbezogene, Schichten vollzieht sich nicht nur durch Diskussionen, sondern auch und wesentlich durch reale Aktivitäten – wie Friedensbewegung und Ökologiebewegung gezeigt haben, wie aber auch jede Streikbewegung zeigt.

Das zweite Ziel besteht darin, die extreme Rechte politisch zu isolieren. Es muß klar sein, daß ihre Repräsentanten außerhalb des demokratischen Spektrums stehen, daß sie nicht dazugehören. In Italien ist es seit 40 Jahren beinahe unumstritten, daß der »Verfassungsbogen« reicht von den Christdemokraten bis zu den Kommunisten, daß die neofaschistische Partei (MSI) jedoch außerhalb steht – daß alle anderen sich darüber einig sind, daß es mit ihr keinerlei Absprachen, keinerlei gemeinsame Planungen und Aktivitäten geben kann und daß sie auch in Überlegungen parlamentarischer Mehrheitsbildungen nicht einbezogen werden darf. Daraus resultieren Aufforderungen an alle Parteien der Bundesrepublik, aber auch an Gewerkschaften, Kirchen und Massenmedien. Der DGB hat bereits Zeichen gesetzt: 1969 wurde ein Unvereinbarkeitsbeschluß betreffend Mitgliedschaft in der NPD und 1987 betreffend Mitgliedschaft in DVU und FAP gefaßt. Gegenüber den »Republikanern« fordert der DGB »offensive Auseinandersetzung«.[152] Die Gewerkschaft Holz und Kunstoff und die IG Metall beschlossen die Unvereinbarkeit.

Die Versuchung, die extreme Rechte doch ins eigene politische Kalkül einzubeziehen, macht sich natürlich immer wieder geltend, und sie ist, wie bereits dargelegt wurde, besonders auf dem rechten Flügel der Unionsparteien ziemlich stark. Solche Tendenzen können nur dann wirkungsvoll blockiert werden, wenn es gelingt, das Grundverständnis der politischen Öffentlichkeit eindeutig antifaschistisch zu gestalten: wenn also die Parteien, bei denen es solche Neigungen gibt, wissen, daß sie, wenn sie die extreme Rechte für bündnisfähig erklären, die eigene Mehrheitsfähigkeit ruinieren würden.

Gelingt es, über längere Zeit hin die Parteien und parlamentarischen Repräsentanten der extremen Rechten politisch zu isolieren, so wird sich bei deren Wählern und Sympathisanten der Eindruck verstärken, daß diese Parteien politisch nichts bewirken können – und viele von ihnen werden nach anderen Lösungen Ausschau halten. (Sogar die mächtige NSDAP, die im Juli 1932 über 37% erzielt hatte, war ab Herbst 1932 schon wieder im Niedergang begriffen und verlor bei den Novemberwahlen über 2 Millionen Stimmen, weil sich der Eindruck ausbreitete, die Partei komme ja doch nicht an die Macht. Erst die dann von Großindustrie und Militär beschleunigt betriebene Bildung der Regierung Hitler konnte die Partei wieder stabilisieren.)

e. Verbotsmaßnahmen?![153]

Für die Antifaschisten, die im Frühjahr 1945 aus dem Widerstand und der Emigration, den Konzentrationslagern und Zuchthäusern kamen, war es keine Frage, daß künftig faschistische Aktivitäten jeglicher Art von Anfang an zu unterbinden seien – auch durch staatliche Maßnahmen. Diese Antifaschisten gingen also von einem inhaltlich bestimmten Demokratiebegriff aus: Staat und Gesellschaft müssen so gestalten werden, daß Freiheit und Frieden gewährleistet werden können. Sie gingen nicht von einem Formalbegriff von Demokratie aus: Alle Meinungen sollten gleichermaßen zugelassen sein, auch diejenigen, die – nach ihrer inneren Logik und nach der handgreiflichen geschichtlichen Erfahrung – mörderische Konsequenzen hervorbringen.

Die *Rechtsnormen*, die dann erlassen wurden, entsprechen in hohem Maße der Auffassung der Antifaschisten. Vom Potsdamer Abkommen und den Prinzipien des Internationalen Militärtribunals von Nürnberg gelangten diese Rechtsnormen in die Allgemeinen Menschenrechtsdeklarationen der UNO (10.12.1948) und wurden konkretisiert in einer ganzen Reihe von Resolutionen der UNO-Generalversammlung, der Konvention über wirtschaftliche, soziale und kulturelle Rechte (16.12.1966), von

Deklarationen der UNESCO und ebenso von Resolutionen des Europarats. Sie sind gültiges Völkerrecht. Die Alliierten haben daraus z. B. die Folgerung gezogen, daß in West-Berlin neofaschistische Parteien wie die NPD verboten sind.

Diese Rechtsnormen sind aber auch innerstaatlich gültig. Denn Art. 25 des Grundgesetzes erklärt, daß die »allgemeinen Regeln des Völkerrechts« auch »Bestandteil des Bundesrechts« sind. Und Art. 139 des Grundgesetzes erklärt, daß die zur »Befreiung des deutschen Volkes vom Nationalsozialismus und Militarismus« erlassenen Rechtsvorschriften weiter gelten. Schon im Potsdammer Abkommen, das dann von den Alliierten weiter konkretisiert worden ist, aber heißt es: »Jeder nazistischen und militaristischen Betätigung und Propaganda ist vorzubeugen«. Das gilt also nicht erst für terroristische, sondern auch schon für propagandistische Aktivitäten. Sie sind nach geltendem Recht untersagt – und die Pflicht der staatlichen Organe wäre es eigentlich, sie zu unterbinden. (Ein Verfahren vor dem Bundesverfassungsgericht ist, falls solche Aktivitäten vorliegen, nicht erforderlich.) Die Bundesrepublik erkennt diese Rechtslage an und verweist vor der UNO darauf, daß in der Bundesrepublik nazistische Aktivitäten verboten seien. Wort und Tat klaffen aber weit auseinander. Was z. B. die Alliierten in West-Berlin untersagen, läßt die Bundesrepublik auf ihrem Territorium durchaus zu. Dieses Verhalten darf wohl als Beleg für die bereits begründete These gelten, daß es in der Bundesrepublik einflußreiche Kräfte gibt, die ein Interesse daran haben, daß die extreme Rechte ideologische und politische Aktivitäten entfalten kann.

Nun könnte man *einwenden*, daß Verbotsmaßnahmen das Gegenteil dessen bewirken, was sie bewirken sollen: Sie drängen die verbotenen Kräfte in den Untergrund, wo sie überhaupt nicht mehr kontrollierbar und also um so gefährlicher sind. Und man könnte weiter einwenden, daß man mit staatlichen Verbotsmaßnahmen überhaupt vorsichtig umgehen sollte, weil sie die Tendenz entwickeln könnten, sich auszudehnen und die Kompetenzen des Staates auf Kosten der Bürgerrechte zu stärken.

Der erste Einwand ist nachweislich falsch. Alle geschichtliche Erfahrung beweist, daß der Faschismus größere politische Wirksamkeit nur dann entfalten kann, wenn er Massen anzusprechen und zu mobilisieren vermag. Eben deshalb ist »Legalität«, ist die Duldung durch die Staatsorgane so wichtig – wie auch Adolf Hitler seit 1925 immer wieder betonte. Daß diese »Legalität« terroristische Aktionen nicht ausschließt, sondern gewissermaßen deckt, hat der Aufstieg faschistischer Bewegungen in einer ganzen Reihe von Ländern, auch in Deutschland, eindringlich gezeigt. Verbotsmaßnahmen, die ensthaft durchgeführt werden, machen jeder Chance auf größere Wirksamkeit ein Ende.

Der zweite Einwand hingegen ist sehr ernst zu nehmen. Es ist sorgfältig zu *unterscheiden zwischen den verschiedenen Gruppen und Parteien auf der extremen Rechten.* Insbesondere zwei Unterscheidungsmerkmale sind wesentlich:

1. Welche Radikalität weist die Ideologie auf? Werden Menschenrechte und Humanität, werden die Grundsätze der rechtlichen Gleichheit, der politischen Freiheit und der demokratischen Willensbildung negiert – sei es ausdrücklich oder nach der inneren Logik der Ideologie?

2. Werden in die Methoden des politischen Kampfes terroristische Aktivitäten einbezogen und vielleicht sogar propagiert?

Legt man diese Maßstäbe an, so ist es offensichtlich, daß es sich bei *FAP*[154] um eine neofaschistische und terroristische Organisation handelt. Ihre bisher schon vorliegenden ideologischen Äußerungen und realen Gewalttaten verlangen durchgreifende Verbotsmaßnahmen. In der Tat wurde ein Verbot bereits vielfach gefordert: so vom niedersächsischen Landtag, der diesen Beschluß einstimmig faßte, vom Rat der Stadt Bielefeld, von Gewerkschaften usw.[155]

In gleicher Weise wie die FAP sind natürlich die übrigen autoritär organisierten und auf terroristische Aktionen abgestellten Gruppen zu behandeln wie z. B. verschiedene »Wehrsportgruppen«, »Kampfbünde« usw., die in aller Offenheit sich bewaffnen und den bewaffneten Kampf einüben.

Auch *DVU* und *NPD* vertreten eine Ideologie, die in ihren wesentlichen Aussagen und nach ihren politischen Konsequenzen als neofaschistisch zu qualifizieren ist. Ideologisch handelt es sich im Vergleich zur FAP nur um eine Differenz im Grad der

Offenheit. Was die Methoden des politischen Kampfes betrifft, so nimmt der Terrorismus nicht den gleichen hohen Stellenwert ein wie bei der FAP. Doch von Fall zu Fall werden terroristische Methoden durchaus einbezogen – gelegentlich auch in direkter Zusammenarbeit mit der FAP.

Daß auch NPD und DVU nach den gültigen Rechtsnormen und nach den oben entwickelten Grundsätzen verboten werden müßten, ist m. E. nicht zu bezweifeln. Die Frage ist allerdings, ob sich die Forderungen der Antifaschisten nicht konzentrieren sollten auf das, was gegenwärtig erreichbar erscheint, nämlich das Verbot der FAP. Diese Konzentration ist aber nicht nur taktisch begründet. Ein solches Verbot – ernsthaft durchgeführt – hätte beträchtliche Auswirkungen auf Ideologie und Politik der extremen Rechten insgesamt. Es würde deren Handlungsspielraum wesentlich einschränken, und es würde den Anschein zerstören, daß solche Kräfte Teil des »normalen« politischen Lebens sind; es würde den antifaschistischen Grundkonsens der Verfassung wieder stärker ins Bewußtsein heben und also die Hemmschwelle für potentielle Wähler und Mitglieder erhöhen.

Was die *»Republikaner«* betrifft, so hat unsere Untersuchung gezeigt, daß sie sich im Übergangsfeld zwischen Rechtskonservatismus und Neofaschismus bewegen. Gegenüber solchen Kräften sind Verbotsforderungen nicht am Platz – jedenfalls so lange nicht, wie deren Entwicklung hin zu neofaschistischen Positionen nicht völlig eindeutig ist. Im übrigen gilt das, was über die Wirkung eines FAP-Verbots auf die anderen Kräfte der extremen Rechten gesagt worden ist, auch für die »Republikaner«: auch sie müßten ihre Agitation zügeln.

Selbstverständlich ist die *Reichweite* von Verbotsmaßnahmen begrenzt. Sie können gesellschaftliche und politische Alternativen nicht ersetzen. Solche Alternativen zu erarbeiten und die drängenden Probleme tatsächlich anzupacken, bleibt das wichtigste Element jeder antifaschistischen Strategie. Wohl aber können Verbotsmaßnahmen Flankenschutz bieten für die Realisierung solcher Alternativen. Sie können verhindern helfen, daß die extreme Rechte die Bedrohungsängste der Bevölkerung für ihre Politik mobilisiert und so stark genug wird, daß demokratische

Lösungen überhaupt blockiert werden. (Eben dies geschah ja nach dem Ersten Weltkrieg in mehreren Ländern, auch in Deutschland.)

5. Kein Grund zur Panik

Die extreme Rechte verfügt über ein beachtliches Potential in der Bundesrepublik, von dem sie bisher nur einen Teil mobilisieren konnte. Wenn ihr der Aufbau einer organisatorischen Infrastruktur gelingt, dann werden die extremen regionalen Ungleichgewichte sich vermindern. Mindestens mittelfristig ist also mit einer gewissen Konsolidierung der extremen Rechten zu rechnen.

In welchem Grade die extreme Rechte aber ihr Potential ausschöpfen und welchen politischen Einfluß sie erlangen kann, hängt nicht primär von ihren eigenen Organisationsleistungen ab, sondern vom Verhalten der anderen politischen Kräfte und von der Entwicklung der Kräftekonstellation insgesamt. Die Ansatzpunkte von Gegenstrategien und die Bedingungen ihres Erfolges wurden hier aufgezeigt. Die demokratischen Potentiale, die sich in der Bundesrepublik seit 1945 und dann besonders seit dem Ende der 60er Jahre entwickelt haben, reichen jedenfalls aus, um den neuen Aufschwung der extremen Rechten begrenzen und den Einfluß dieser Kräfte wieder zurückdrängen zu können. Zur Panik besteht nicht der mindeste Anlaß.

Schon bisher hat der Aufschwung der extremen Rechten nicht bewirkt, daß die Rechte insgesamt stärker geworden wäre. Im Gegenteil: Bei fast allen Wahlen der letzten Jahre ist die Linke stärker geworden. Nicht um einen Rechtstrend also handelt es sich, sondern um eine Polarisierung der Kräfte.

Da Nationalismus und Fremdenfeindlichkeit im Zentrum rechtsextremer Mobilisierung stehen, wird viel davon abhängen, wie die gewaltigen Umwälzungen, die sich gegenwärtig in der DDR und den anderen osteuropäischen Staaten vollziehen, ideologisch verarbeitet werden. Ohne Zweifel werden sie mächtige Wirkungen auch in der Bundesrepublik hervorrufen. Entscheidend wird sein, ob in unserem Land jene Kräfte ideologisch die Dominanz erhalten, die diese Umwälzung als Demokratisierung begreifen, die es im Sinne demokratischer Solidarität zu unterstützen, in ihrer Eigenständigkeit aber zu respektieren gilt. Oder ob Kräfte an Boden gewinnen, die nun das Feuer des Nationalismus zu entfachen, die »Wiedervereinigung« in Angriff zu nehmen und die »Befreiung« Osteuropas in ihrem Sinne samt den zugehörigen Grenzrevisionen auf die Tagesordnung zu setzen versuchen. Hier ist äußerste Wachsamkeit am Platz.

Die Souveränität, mit der die Massen in der DDR bisher die Demokratisierung angepackt und mit der führende Vertreter der Bewegung Einmischungsversuche falscher Freunde abgewiesen haben, ist ein hoffnungsvolles Zeichen. Ebenso die Art und Weise, wie die Massen in West-Berlin nach der Öffnung der Mauer bei der großen Kundgebung am 10. November 1989 sich politisch verhalten haben. Dieser Triumpf der Linie Brandt/Momper/Genscher und diese eklatante Niederlage der Linie Kohl zeigt an, wie stark in West-Berlin – trotz des Wahlerfolges der »Republikaner« – politischer Realismus und demokratisches Selbstbewußtsein sich entwickelt haben. Nichts spricht dafür, daß dies in der Bundesrepublik gänzlich anders ist. Es kommt nun also darauf an, dieses Potential zu mobilisieren und die Manöver der (extremen) Rechten, die sicherlich in der nächsten Zeit gerade in der »nationalen Frage« mit großem Aufwand inszeniert werden, zu erkennen und abzuwehren.

Anmerkungen

1 Dazu R. Kühnl u. a., *Die NPD. Struktur, Ideologie und Funktion einer neofaschistischen Partei,* Frankfurt a. M. 1969.

2 Die wichtigsten Schriften hierzu habe ich vorgestellt in meinem Buch *Faschismustheorien,* Neuauflage: Heilbronn 1990, Kap.: *Die Randzonen der kapitalistischen Welt.*

3 Belege und Kritik bei M. Koelschtzky, *Die Stimme ihrer Herren. Ideologie und Strategie der »Neuen Rechten« in der Bundesrepublik,* Köln 1986, hier bes. S. 65 ff.

4 Ich habe die wichtigsten Auszüge dieser Rede abgedruckt in meinem Band *Der deutsche Faschismus in Quellen und Dokumenten,* Köln 6. Aufl. 1987, S. 135 ff.

5 Warum gerade die Juden diese Funktion übernehmen konnten und woher die Tiefendimension des Judenhasses rühren, ist eine äußerst schwierige Frage; vgl. dazu R. Kühnl, *Judenhaß und Judenmord. Unerklärlich – unbegreiflich?,* in: *Forum Wissenschaft* 4/1989; H. Berding, *Moderner Antisemitismus in Deutschland,* Frankfurt a. M. 1988; K. Pätzold, *Verfolgung, Vertreibung, Vernichtung. Dokumente des faschistischen Antisemitismus,* Frankfurt a. M. 1983.

6 Vgl. dazu F. Deppe, *Einheit und Spaltung der Arbeiterklasse. Überlegungen zu einer politischen Geschichte der Arbeiterbewegung,* Marburg 1981.

7 Das Problem dieser Mittelschichten – der Angestellten, Beamten und Kleineigentümer – und ihres Übergangs zum Faschismus haben Theodor Geiger aus soziologischer und Wilhelm Reich aus psychologischer Sicht erörtert: Th. Geiger, *Die Mittelstände im Zeichen des Nationalsozialismus,* in: ders., *Arbeiten zur Soziologie,* Neuwied und Berlin (West) 1962 (zuerst 1932 publiziert); W. Reich, *Die Massenpsychologie des Faschismus,* Köln 1972 (zuerst Kopenhagen 1933). Zur neueren Diskussion vgl. u. a.: J. Kocka, *Angestellte zwischen Faschismus und Demokratie,* Göttingen 1977; A. Leppert-Fögen, *Die deklassierte Klasse. Studien zur Geschichte und Ideologie des Kleinbürgertums,* Frankfurt a. M. 1974; W. Heimel, *Mittelschichten – Brutstätten des Faschismus?,* in: R. Kühnl/G. Hardach (Hg.), *Die Zerstörung der Weimarer Republik,* Köln 1977, S. 181–213.

8 Zur neueren Diskussion vgl. bes. J. W. Falter u.a., *Wahlen und Abstimmungen in der Weimarer Republik,* München 1986; P. Manstein, *Die Mitglieder und Wähler der NSDAP 1919–1933,* Frankfurt/Bern/New York/Paris 2. Aufl. 1989.

9 Reichswehrminister General Groener über Hitler auf einer militärischen Führerbesprechung am 11.1.1932, zit. nach: R. Kühnl, *Der deutsche Faschismus,* a. a. O., S. 148 f.

10 Schreiben von Gustav Krupp von Bohlen und Halbach im Namen des Reichsverbandes der Deutschen Industrie an Adolf Hitler vom 24.3.1933, zit. nach: ebenda, S. 204.

11 Materialien dazu bei L. J. Edinger, *Post-totalitarian Leadership: Elites in the German Federal Republic,* in: *The American Political Science Review,* LIV, 1, 1960; W. Zapf, *Wandlungen der deutschen Elite 1919–1961,* München 1965; R. Dahrendorf, *Gesellschaft und Demokratie in Deutschland,* München 1965; J. Friedrich, *Die kalte Amnestie. NS-Täter in der Bundesrepublik,* Frankfurt a. M. 1984; E. Klee, *Was sie taten – Was sie wurden. Ärzte, Juristen und andere Beteiligte am Kranken- oder Judenmord,* Frankfurt a. M. 1986; R. Wistricht, *Who's Who in Nazi Germany,* London 1982; *Braunbuch. Kriegs- und Naziverbrecher in der Bundesrepublik und in West-Berlin,* hg. vom Nationalrat der Nationalen Front des demokratischen Deutschland. Dokumentationszentrum der staatlichen Archivverwaltung der DDR, Berlin (DDR) 3. Aufl. 1968; und *Graubuch. Expansionspolitik und Neonazismus in Westdeutschland. Eine Dokumentation,* hg. vom Nationalrat der Nationalen Front, Berlin (DDR) 1967 (diese sehr materialreichen und detaillierten Bände aus der DDR wurden in der Bundesrepublik in der Zeit des Kalten Krieges als staatsfeindlich behandelt – und ebenso diejenigen, die sie benutzten).

12 Nach Angaben der 11. Arbeitstagung des Amnestie-Ausschusses und der Verteidiger in Strafsachen; vgl. auch A. von Brünneck, *Politische Justiz gegen Kommunisten in der BRD von 1949–1968,* Frankfurt a. M. 1978.

13 M. Ratz, *Zur Strafverfolgung von Nazismus seit 1949,* Frankfurt a. M. 1979; J. Friedrich, *Die kalte Amnestie. NS-Täter in der BRD,* Frankfurt a. M. 1984; ders., *Freispruch für die Nazi-Justiz,* Reinbek 1983; A. Rückerl, *NS-Verbrechen vor Gericht,* Heidelberg 1982.

14 Nähere Angaben in: *Der Spiegel,* 51/1961.

15 *Gesetz über die Gewährung von Straffreiheit* vom 1.12.1949 und *Gesetz über die Berechnung strafrechtlicher Verjährungsfristen* vom 13. 4. 1964.

16 Dazu M. Jenke, *Die nationale Rechte,* Berlin (West) 1967; ders., *Verschwörung von rechts?,* Berlin (West) 1961; P. Dudek/H.-G. Jaschke, *Entstehung und Entwicklung des Rechtsextremismus in der Bundesrepublik,* 2 Bde., Opladen 1984.

17 Zu den Vertriebenenverbänden hat Michael Imhof eine vorzügliche Dissertation angefertigt: *Die Vertriebenenverbände in der Bundesrepublik Deutschland,* Marburg 1975; vgl. auch F. Neumann, *Der Block der Heimatvertriebenen und Entrechteten 1950–1967,* Meisenheim 1968.

18 Vgl. dazu meine Einleitung zu dem Sammelband: R. Kühnl (Hg.), *Streit ums Geschichtsbild,* Köln 1987.

19 Dazu L. Niethammer, *Angepaßter Faschismus,* Frankfurt a. M. 1969, S. 33.

20 Vgl. R. Kühnl u. a., *Die NPD,* a. a. O., S. 16 ff.

21 P. Dudek/H.-G. Jaschke, *Die Deutsche Nationalzeitung,* München 1981.

22 Zur Publizistik der extremen Rechten vgl. u. a.: H. Brüdigam, *Der Schoß ist fruchtbar noch . . .,* Frankfurt a. M. 2. Aufl. 1965; F. Jenke, *Die nationale Rechte,* a. a. O.; F. J. Bröder, *Ein Sprachrohr des Rechtsradikalismus. Die deutschen Nachrichten,* Mainz 1969; P. Dudek/H.G. Jaschke, *Die Deutsche Nationalzeitung,* a. a. O.

23 Vgl. hierzu R. Kühnl u. a., *Die NPD,* a. a. O. S. 55.

24 M. Imhof, a. a. O.; H. D. Bamberg, *Die Deutschlandstiftung e. V., Studien über Kräfte der »Demokratischen Mitte« und des Konservatismus in der Bundesrepublik Deutschland,* Meisenheim 1978.

25 Belege in R. Kühnl u. a., *Die NPD,* a. a. O., S. 60.

26 Vgl. unsere schon genannte Untersuchung über die *NPD.* Die folgenden Angaben über die NPD sind diesem Band entnommen.

27 *Deutsche Nachrichten* (DN) vom 11.8. und 21.7. 1967; sowie *DN,* Sonderdruck B/67.

28 *DN* vom 6.1.1967.

29 *Der Nationale Sozialist* vom 1.2.1930; und *Nationalsozialistische Briefe* vom 1.1.1929.

30 *DN* vom 27.10.1967.

31 MdL Karl Basler (NPD) im baden-württembergischen Landtag, zit. nach: *Der Spiegel,* 49/1968; vgl. auch *Programm* 1967, XIV, 7.

32 *DN* vom 28.6.1968.

33 *DN* vom 26.5.1967 sowie vom 20.9, 12.7. und 11.10.1968; und *Politisches Lexikon,* hg. von der DN-Verlagsgesellschaft, 6 Bde., Hannover 1966 ff., Stichwort: »Kollektivismus«.

34 F. Thielen, *Grundsätze unserer Politik im neuen Bundestag,* Hannover 1965, S. 2.

35 Vgl. hierzu das *Parteiprogramm* der NPD, 1967, insbes. X, 2, 21.

36 Schlagzeilen in: *DN* vom 1.12.1967 und 22.3.1968.

37 *DN* vom 22.11.1968 und 15.3.1968.

38 *Politisches Lexikon,* a. a. O., Stichwort: »Nationalsozialismus«; *Parteiprogramm* 1967, IX, 3, 7, 8.

39 O. Koellreutter, *Der deutsche Führerstaat,* Tübingen 1934, S. 13; E. Anrich, *Mensch – Staat – Demokratie,* Hannover 1966, S. 5.

40 A. Thadden, 1. Vorsitzende der NPD, auf dem 3. NPD-Parteitag.

41 *Politisches Lexikon,* a. a. O., Stichwort: »Pluralismus«.

42 Zit nach: C. Tahler, *Warum die NPD nicht verboten wird,* in: *Stimme der Gemeinde,* 1968, H. 22.

43 Vgl. *Frankfurter Allgemeine Zeitung* (FAZ) vom 11.9.1968 und 21.9.1968; zum nieder-

sächsischen Landesparteitag der CDU meinte die großbürgerliche *FAZ:* »Wer geglaubt hatte, die Delegierten würden sich etwa über Listenverbindungen von CDU-Mitgliedern mit NPD-Kommunalwahlkandidaten erregen und vom Vorstand härtere Konsequenzen fordern, der sah sich getäuscht.«

44 Dazu R. Großmaß/Ch. Schmerl, *Feministischer Kompaß, patriarchalisches Gepäck. Kritik konservativer Anteile in neueren feministischen Theorien,* Frankfurt a. M. 1989.

45 Emnid-Umfragen, zit. nach: *FAZ* vom 5.12.1988.

46 Ebenda.

47 Zu den damit verbundenen Problemen und dem Versuch ihrer theoretischen Erfassung vgl.: U. Beck, *Risikogesellschaft,* Frankfurt a. M. 1986; und K. Dörre, *Risikokapitalismus,* Marburg 1987; K. Dörre, *Gewerkschaften und Jugendliche – Ausblicke auf die LohnarbeiterInnen-Generation der 90er Jahre,* in: F. Deppe u. a. (Hg.), *Gewerkschaften im Umbruch,* Köln 1989, S. 213–345.

48 Bericht von Horst Eberhard Richter bei dem Symposium zum 50. Jahrestag des Kriegsbeginn am 2.9.1989 in Bad Godesberg.

49 Vgl. dazu neben der in Anm. 47 genannten Literatur das jährlich in Köln erscheinende *Memorandum* der Arbeitsgruppe Alternative Wirtschaftspolitik.

50 K. Dörre, *Gewerkschaften und Jugendliche,* a. a. O., S. 324.

51 Ebenda, S. 326 f. und 343 f.

52 Ebenda, S. 324 f.

53 Vgl. die »Berichte über die Jugend«: *Das Argument* 168, 2/1988, bes. den Bericht von A. Cavalli, *»Zeiterfahrungen«. Versuch einer Typologie,* S. 187-197.

54 K. Dörre, *Gewerkschaften und Jugendliche,* a. a. O., S. 314.

55 Vgl. die Beiträge zur »Ideologischen Modernisierung der Rechten«, in: *Das Argument* 171, 5/1988.

56 Vgl zum folgenden bes. M. Koelschtzky, *Die Stimme ihrer Herren,* a. a. O.; R. Opitz, *Faschismus und Neofaschismus,* Frankfurt a. M. 1984; K. Faller/H. Siebold (Hg.), *Neofaschismus,* Frankfurt a. M. 1986.

57 So das Mitgliedsorgan der DVU *Deutscher Anzeiger,* 2. Mai-Ausgabe 1971.

58 Dazu J. Ch. Meyer, *Die FAP im Kontext der neueren Entwicklung des Neofaschismus in der Bundesrepublik Deutschland,* Diplomarbeit, Marburg 1988.

59 Zum Selbstverständnis vgl. insbes. die Aufsätze in der Zeitschrift *Criticón*; zur kritischen Analyse R. Opitz, a. a. O.; sowie M. Sattler/H. W. Höffken, *Rechtsextremismus in der Bundesrepublik,* Opladen 1980.

60 Meldung des *ZDF* am 9.11.1989 nach Angaben des Deutschen Paritätischen Wohlfahrtverbandes. Näheres zur Entwicklung der sozialen Lage in der jeweils neuesten Ausgabe des *Memorandum,* a. a. O.

61 *antifaschistischer informations- und pressedienst,* April 1989.

62 Vgl. meine Untersuchung *Nation, Nationalismus, nationale Frage,* Köln 1986.

63 Dazu kritisch vor allem H.-U. Wehler, *Entsorgung der deutschen Vergangenheit?,* München 1988; sowie der von mir herausgegebene Sammelband *Streit ums Geschichtsbild,* Köln 1987.

64 Zit. nach: Koelschtzky, a. a. O., S. 105.

65 Belege unter anderem in: R. Kühnl, *Nation,* a. a. O.; H. Funke (Hg.), *Von der Gnade der geschenkten Nation,* Berlin (West) 1988; M. von Hellfeld (Hg.), *Modell Vergangenheit. Rechtsextreme und neokonservative Ideologien in der Bundesrepublik,* Köln 1987; Koelschtzky, a. a. O.

66 Vgl. die empirischen Studien: Jugendwerk der deutschen Shell (Hg.), *Jugend '81,* Hamburg 1981; Jugendwerk der deutschen Shell (Hg), *Jugend und Erwachsene '85. Generationen im Vergleich,* 5 Bde., Opladen 1985; *SINUS. Rechtsextreme politische Einstellungen in der Bundesrepublik Deutschland,* Heidelberg 1980; W. Heitmeyer, *Rechtsextremistische Orientierungen bei Jugendlichen,* Weinheim 1988; *5 Millionen Deutsche: »Wir sollten wieder einen Führer haben ...« Die SINUS-Studie über rechtsextremistische Einstellungen bei den Deutschen,* Reinbek 1981.

67 *5 Millionen Deutsche ..., a. a. O., S. 78. Vgl. auch Anhang: Dok. 1.*

68 *Programm der Republikaner,* 1987, S. 1. Das *Grundsatzprogramm* vom 26.11.1983, das *Siegburger Manifest* vom Juni 1985 und das *Programm der Republikaner* vom Mai 1987 werden im folgenden nur noch als *Programm* zitiert mit der jeweiligen Jahreszahl.
69 *Der Republikaner* 10/89. Das Parteiorgan der »Republikaner« wird im folgenden abgekürzt zitiert: *Rep* jeweils mit Monat/Jahr.
70 *Rep* 11/87.
71 *Rep* 11/87.
72 *Rep* 12/87.
73 *Rep* 12/87, 9/89.
74 *Flugblatt* (undatiert); vgl. Anhang: Dok. 3
75 *Programm* 1987, S. 1.
76 *Programm* 1987, S. 1.
77 *Programm* 1987, S. 3.
78 *Rep* 11/87.
79 *Programm* 1983, S. XI.
80 Vgl. z. B. Programmatische Plattform des Arbeitskreises »Junge Republikaner«, Nordrhein-Westfalen 1988 (Typoskript).
81 *Rep* 9/89.
82 *Rep* 12/87.
83 Zum Beispiel *Rep* 2/88.
84 *Rep* 12/86; vgl. Anhang: Dok. 6.
85 *Rep*, Sondernummer I/89.
86 *Programm* 1987, S. 1.
87 *Rep* 7/88.
88 *Flugblatt*: »Asylmißbrauch« (undatiert).
89 *Rep* 10/89.
90 *Rep* 10/89.
91 *Rep* 10/88.
92 *Rep* 7/88; vgl. Anhang: Dok 8.
93 *Programm* 1987, 4 f.
94 *Rep 11/87;* vgl. Anhang: Dok. 10.
95 *Programm* 1987, S. 2.
96 *Rep* 2/88.
97 *Rep* 11/87.
98 *Flugblatt* (undatiert), vgl. Anhang: Dok. 9; sowie *Programm* 1987, S. 8.
99 *Rep* 11/87; vgl. auch Anhang: Dok. 9.
100 *Flugblatt* (undatiert), vgl. Anhang: Dok. 9.
101 *Rep* 2/88.
102 *Flugblatt* (undatiert), vgl. Anhang Dok. 9.
103 *Programm* 1987, S. 7.
104 *Rep* 2/88.
105 *Rep*, Sondernummer I/89.
106 *Rep* 12/87.
107 *Rep* 2/88.
108 *Rep* 11/87.
109 *Rep* 12/87.
110 *Programm* 1987, S. 12.
111 *Rep* 1/89.
112 *Rep* 10/88.
113 *Rep* 9/89.
114 Vgl. *Deutsche Stimme* 8 und 9/89.
115 NPD-*Programm*, 1985, S. 14 f., 18 f.
116 *Deutsche Stimme* 9/89.
117 *Deutsche Stimme* 1/89.
118 Die folgenden Ausführungen stützen sich auf die *Repräsentative Wahlstatistik*; die

infas-Analysen zu den Wahlen in Berlin (*Frankfurter Rundschau* [FR] vom 31.1.1989), Hessen (*FR* vom 14.3.89) und zum Europaparlament (*FR* vom 20.6.89); auf die Berichte der Forschungsgruppe Wahlen: *Wahl in Berlin,* Mannheim 1989, und *Europawahl,* Mannheim 1989; D. Roth, *Sind die Republikaner die fünfte Partei?,* in: *Aus Politik und Zeitgeschichte,* B 41–42/89; J. Hofmann-Göttig, *Die Neue Rechte: Die Männerparteien,* in: ebenda; ders. unter Mitarbeit von H. Göttig, *Selbst die NPD ist jugenattraktiv. Von Jungen und Alten, Frauen und Männern bei der Kommunalwahl in Hessen vom 12. März 1989,* o. O. (1989).

119 Vgl. D. Roth, a. a. O., S. 11.

120 D. Roth, a. a. O., 11 f.; und J. Hofmann-Göttig, *Die Neue Rechte,* a. a. O., 30 f.

121 Vgl. J. Hofmann-Göttig, *Die Neue Rechte,* a. a. O., S. 25.

122 Vgl. D. Roth, a. a. O., S. 11; J. Hofmann-Göttig, *Die Neue Rechte,* S. 25.

123 Vgl. den Bericht über zwei für die SPD angefertigten Studien, in: *FR* vom 12.10.1989.

124 D. Roth, a. a. O., S. 13.

125 Ebenda, S. 15.

126 *FR* vom 20.6.1989.

127 D. Roth, a. a. O., S. 13.

128 Forschungsgruppe Wahlen, *Wahl in Berlin,* Mannheim 1989.

129 Vgl. hierzu die Umfragen, die das EMNID-Institut für den *Spiegel* durchgeführt hat, zusammengefaßte Ergebnisse in: *Der Spiegel* 21 und 22/1989; *Einstellungen zu aktuellen Fragen der Innenpolitik 1989, Bericht des ipos, eine repräsentative Umfrage im Auftrag des Bundesinnenministeriums.*

130 Vgl. dazu J. Paul (Hg.), Hitlers Schatten verblaßt, Bonn 1989, S. 145.

131 Vgl. N. Lepszy, *Die Republikaner,* in: *Aus Politik und Zeitgeschichte,* 6.10.1989, S. 3 f., der auch eine Aufschlüsselung nach Bundesländern gibt.

132 Vgl. *blick nach rechts* vom 27.2.1989.

133 Nähere Angaben bei Leggewie, a. a. O., S 75 ff.; *blick nach rechts* vom 27.2. und 8.5.1988; *antifaschistischer presse- und informationsdienst,* Juni 1989.

134 Der Bundesvorstand beschloß: »eine Zusammenarbeit mit NPD und DVU wird auf das Schärfste abgelehnt« (zit. nach: *Süddeutsche Zeitung* vom 30.3.1988).

135 *blick nach rechts* vom 27.2.1989.

136 E.-P. Müller, *Republikaner und Grüne – Zwischen Ideologie und Protest,* hg. vom Institut der Deutschen Wirtschaft, Köln 1988.

137 Zur Diskussion in der Union vgl. C. Leggewie, *Die Republikaner. Phantombild der Neuen Rechten,* Berlin (West) 1989, S. 134; siehe auch die von der CDU-Bundesgeschäftsstelle im Adenauer-Haus herausgegebene Studie über die »Republikaner«, die zu dem Ergebnis kommt: »Die REP stehen an der Schwelle zum Rechtsextremismus, [. . .] verharmlosen nationalsozialistische Verbrechen, [. . .] schüren Ausländerfeindlichkeit und Fremdenhaß, [. . .] praktizieren Freund-Feind-Denken, [. . .] sind nationalistisch [. . .]«. Weniger kritisch: Forschungsinstitut der Konrad-Adenauer-Stiftung, *Die Republikaner* (von N. Lepszy), 1989. Und noch weniger kritisch das Papier des CSU-Generalsekretärs E. Huber (1989), das aber gleichwohl eine Distanzierung enthält.

138 *FAZ* vom 30.6.1984.

139 *Die Welt* vom 1.2.1989, und Leggewie, a. a. O., S. 134.

140 Belege in: *antifaschistischer informations- und pressedienst,* August 1989; Leggewie, a. a. O., S. 120.

141 *FR* vom 12.10.1989, These 5.

142 Belege in: *antifaschistischer informations- und pressedienst,* August 1989.

143 »Der Spiegel 26/1989, S. 20.

144 *Politbarometer* vom August 1989.

145 Zit. nach: *FAZ* vom 5.5.1988.

146 E. K. Scheuch/H.-D. Klingemann, *Theorie des Rechtsradikalismus in westlichen Industriegesellschaften,* in: *Hamburger Jahrbuch für Wirtschafts- und Gesellschaftspolitik* 12 (1967), S. 11–29, hier S. 12 f.

147 So die Studie der Konrad-Adenauer-Stiftung von N. Lepszy, a. a. O., mit deutlicher Tendenz zur Verharmlosung; Anklänge an die Normalisierungsthese auch bei C. Leggewie, a. a. O., S. 54 und 130, hier aber nicht in dem Sinne, daß dies hinzunehmen sei.
148 *Infas*-Untersuchung, zit. nach: *FAZ* vom 12.1.1989.
149 Belege in dem schon erwähnten jährlich erscheinenden *Memorandum* der Arbeitsgruppe Alternative Wirtschaftspolitik.
150 Vgl. dazu G. Auernheimer, *Kulturelle Identität – Ein gegen-aufklärerischer Mythos?*, in: *Argument* 175, 1989/3, S. 381–394; L. Hoffmann, *Untertanen auf Zeit und Wiederruf*, in: *Blätter für deutsche und internationale Politik*, 1988/7, S. 833–843; R. Geffken, *Kommunalwahlrecht für Ausländer*, in: *Demokratie und Recht*, 1989/2, S. 123–130.
151 Zit. nach: K. Hirsch/H. Sarkowicz, *Schönhuber*, Frankfurt a. M. 1989, S. 30.
152 Der DGB-Beschluß vom 5.9.1989 ist publiziert in: *antifaschistische informations- und pressedienst*, 9/1989.
153 Die wichtigsten Materialien hierzu wurden zusammengestellt in: *Kein Anspruch auf Legalität*, Antifaschistische Arbeitshefte, hg. vom Bundesvorstand der VVN-BdA, Frankfurt a. M., Februar 1989; hier die einschlägigen Stadtratsbeschlüsse, Gerichtsurteile und Rechtsnormen; vgl. auch N. Paech, *Staat und Antifaschismus*, in: H. D. Fangmann/N. Paech (Hg.), *Recht, Justiz und Faschismus*, Köln 1984, S. 151–170.
154 Zur *FAP* vgl. die schon genannte Untersuchung von J. Ch. Meyer.
155 Vgl. bes. die schon genannte Dokumentation *Kein Anspruch auf Legalität*.

Literaturhinweise

Aktuelle Nachrichten, kurze Einschätzungen, Tips u. ä. finden sich in: *Blick nach rechts*, hg. vom Sozialdemokratischen Pressedienst, Pressehaus, Bonn; sowie *Antifaschistischer Informations- und Pressedienst*, hg. von der VVN-Bund der Antifaschisten, Rossertstraße 4, Frankfurt a. M.

Benz, W. (Hg.): Rechtsextremismus in der Bundesrepublik. Voraussetzungen, Zusammenhänge, Wirkungen, Frankfurt a. M. Neuaufl. 1989

Dudek, P.: Jugendliche Rechtsextremisten. Zwischen Hakenkreuz und Odalsrune 1945 bis heute, Köln 1985

Dudek, P./H.-G. *Jaschke*: Entstehung und Entwicklung des Rechtsextremismus in der Bundesrepublik. Zur Tradidion einer besonderen politischen Kultur, 2 Bde., Opladen 1984 – [1. Band: Quellen.]

Faller, K./H. *Siebold* (Hg.): Neofaschismus. Dulden? Verbieten? Ignorieren? Bekämpfen?, Frankfurt a. M. 1986

Feit, M.: Die »Neue Rechte« in der Bundesrepublik. Organisation – Ideologie – Strategie, Frankfurt a. M./New York 1987 – [Organisationsgeschichte, Ideologie und Strategie der rechtsextremen Gruppen, die in Abgrenzung zur NPD seit Ende der 60er Jahre um ein neues Profil des Rechtsextremismus bemüht sind.]

Fünf Millionen Deutsche: »Wir sollten wieder einen Führer haben ...«, Die SINUS-Studie über rechtsextremistische Einstellungen bei den Deutschen, Reinbek 1981

Funke, H.: »Republikaner«. Rassismus, Judenfeindschaft, nationaler Größenwahn. Zu den Potentialen der Rechtsextremen am Beispiel der Republikaner, Berlin 1989 (Aktion Sühnezeichen/Friedensdienste)

Hafeneger, B./G. *Paul*/B. *Schoßig* (Hg.): Dem Faschismus das Wasser abgraben. Zur Auseinandersetzung mit dem Rechtsextremismus, München 1981 – [Grundsätzliche Überlegungen und Beispiele zur antifaschistischen Jugendarbeit.]

Heitmeyer, W.: Rechtsextremistische Orientierung bei Jugendlichen. Empirische Ergebnisse und Erklärungsmuster einer Untersuchung zur politischen Sozialisation, Weinheim 1988

Hellfeld, M. v. (Hg.): Dem Haß keine Chance. Der neue rechte Fundamentalismus, Köln 1989

Hellfeld, M. v. (Hg.): Modell Vergangenheit. Rechtsextreme und neokonservative Ideologien in der Bundesrepublik, Köln 1987 – [Umfangreiche und kommentierte Sammlung von Textauszügen, die Grundmuster rechtsextremer und konservativer Ideologien zeigen.]

Jäger, S. (Hg.): Rechtsdruck. Die Presse der Neuen Rechten, Berlin/Bonn 1988

Leggewie, C.: Die Republikaner. Phantombild der neuen Rechten, Berlin 1989

Meyer, A./K.-K. *Rabe*: Unsere Stunde, die wird kommen. Rechtsextremismus unter Jugendlichen, Bornheim-Merten 1979.

Opitz, R.: Faschismus und Neofaschismus, Frankfurt a. M. 1984, überarb. Neuauflage: Köln 1988 – [Umfangreiche marxistische Studien zur Entstehung der NSDAP, den Motiven der Judenverfolgung und zur Entwicklungsgeschichte und Ideologie des Neofaschismus in der BRD.]

Paul, G. (Hg.): Hitlers Schatten verblaßt. Die Normalisierung des Rechtsextremismus., Bonn 1989 – [7 Beiträge zum Charakter und den Ursachen des Rechtsextremismus in den 80er Jahren, zu seinem Potential in der Jugend, juristischen und pädagogischen Reaktionsmöglichkeiten.]

Posselt, R.-E./K. *Schumacher:* Projekthandbuch Rechtsextremismus. Handlungsorientierte Gegenstrategien und offensive, ausländerfreundliche Auseinandersetzungsformen mit rechtsextremistischen und rassistischen Tendenzen in der Jugendszene. Eine Sammlung von Ideen, Aktionen, Projekten, Argumenten und Beispielen aus der (offenen) Jugendarbeit (Amt für Jugendarbeit der Evang. Kirche von Westfalen, Haus Villigst), Schwerte 1989

Rajewski, C./A. *Schmitz:* Nationalsozialismus und Neonazismus. Ein Reader für Jugendarbeit und Schule, Düsseldorf 1988 – [Umfangreiche und für die Bildungsarbeit nützliche Sammlung von Texten zum Nationalsozialismus, der Auseinandersetzung mit ihm, Neofaschismus, antifaschistischer Jugendarbeit.]

Stöss, R.: Die extreme Rechte in der Bundesrepublik. Entwicklung – Ursachen – Gegenmaßnahmen, Opladen 1989

Zum historischen Faschismus:

Bracher, K.-D./M. *Funke*/H.-A. *Jacobsen* (Hg.): Nationalsozialistische Diktatur 1933–1945. Eine Bilanz, Düsseldorf 1983 (auch in der Schriftenreihe der Bundeszentrale für politische Bildung.) – [Dokumentiert in über 30 Beiträgen den bundesdeutschen Forschungsstand über den Nationalsozialismus.]

Frei, N.: Der Führerstaat. Nationalsozialistische Herrschaft 1933 bis 1945, München 1987 – [Knappe Darstellung vor allem der inneren Entwicklung des nationalsozialistischen Deutschland, Dokumente, Skizze zu Forschungsstand und Literatur.]

Kühnl, R.: Der Faschismus. Ursachen. Herrschaftsstruktur, Aktualität. Eine Einführung, 2., erw. Aufl. Heilbronn 1988

Kühnl, R.: Der deutsche Faschismus in Quellen und Dokumenten, 6., überarb. Aufl. Köln 1987

Michalka, W. (Hg.): Die nationalsozialistische Machtergreifung, Paderborn u. a. 1984 – [Verschiedene Beiträge, die einen Überblick über Vorraussetzungen und Träger des nationalsozialistischen Aufstiegs, die Machtergreifung i. e. S. und deren Beurteilung geben.]

Zu Nationalismus und Konservatismus:

Klönne, A.: Zurück zur Nation? Kontroversen zu deutschen Fragen, Köln 1984

Kühnl, R.: Nation – Nationalismus – Nationale Frage. Was ist das und was soll das?, Köln 1986

Sozialistische Studiengruppen (SOST): Zwischen Neokonservatismus und Rechtsradikalismus. Politische und populistische Rechtstendenzen in der Bundesrepublik, Hamburg 1986

Anhang

Dokumente zu den »Republikanern«

I. SINUS-Studie über »rechtsextremistische Einstellungen bei den Deutschen«

13 Prozent mit rechtsextremem Weltbild

Die SINUS-Studie über »rechtsextremistische Einstellungen bei den Deutschen« erregte 1981 Aufsehen. Ihren Ergebnissen nach »zählen rund 13% der Wahlbevölkerung zum rechtsextremen Einstellungspotential, das heißt, 13% aller Wähler in der Bundesrepublik verfügen über ein geschlossenes rechtsextremes Weltbild«.

Aus der Auswertung rechtsextremer Literatur und Interviews mit der rechtsextremen Szene zuzurechnenden Personen hatte das Institut 23 Statements (Aussagen) entwickelt, die »inhaltlich wie sprachlich das Wesen rechtsextremen Denkens lebensnah [. . .] widerspiegeln« sollten. Einem repräsentativen Querschnitt der bundesdeutschen Wahlbevölkerung ab 18 Jahren – insgesamt fast 7.000 Personen – wurden diese Statements vorgelegt. Wer z. B. mindestens sieben davon entschieden bejahte, galt als rechtsextrem eingestellt.

Dokument 1: Ergebnisse der Repräsentativbefragung in Prozent der Wahlbevölkerung

Wir sollten wieder einen Führer haben, der Deutschland zum Wohle aller mit starker Hand regiert.

– Völlig richtig	4
– Teilweise richtig	10
– Eher falsch	16
– Völlig falsch	63
– Keine Angabe	7

Daß bei uns heute alles drunter und drüber geht, verdanken wir den Amerikanern.

– Völlig richtig	4
– Teilweise richtig	18
– Eher falsch	31
– Völlig falsch	40
– Keine Angabe	8

Das Mitspracherecht der Gewerkschaften in der Wirtschaft sollte ausgebaut werden.

– Völlig richtig	19
– Teilweise richtig	42
– Eher falsch	22
– Völlig falsch	9
– Keine Angabe	8

Die nationalen Kräfte werden heute in der Bundesrepublik unterdrückt.

– Völlig richtig	6
– Teilweise richtig	23
– Eher falsch	37
– Völlig falsch	24
– Keine Angabe	11

Wenn es so weitergeht, steht unserem Volk schon bald eine ungeheure Katastrophe bevor.

– Völlig richtig	7
– Teilweise richtig	23
– Eher falsch	32
– Völlig falsch	31
– Keine Angabe	8

Der heutige Staat ist kein Beschützer der Volksgemeinschaft mehr.

– Völlig richtig	7
– Teilweise richtig	28
– Eher falsch	35
– Völlig falsch	22
– Keine Angabe	8

Abtreibung sollte streng bestraft werden, weil wir in Deutschland dringend mehr Kinder brauchen.

- Völlig richtig 12
- Teilweise richtig 22
- Eher falsch 26
- Völlig falsch 34
- Keine Angabe 6

Der Nationalsozialismus hat dem deutschen Volk von Anfang an geschadet.

- Völlig richtig 36
- Teilweise richtig 29
- Eher falsch 18
- Völlig falsch 9
- Keine Angabe 9

Parteien und Gewerkschaften schaden dem Allgemeinwohl.

- Völlig richtig 3
- Teilweise richtig 13
- Eher falsch 29
- Völlig falsch 49
- Keine Angabe 6

Wir sollten wieder eine einzige starke Partei haben, die wirklich die Interessen aller Schichten unseres Volkes vertritt.

- Völlig richtig 11
- Teilweise richtig 17
- Eher falsch 22
- Völlig falsch 45
- Keine Angabe 6

Man sollte sich endlich damit abfinden, daß es zwei deutsche Staaten gibt.

- Völlig richtig 19
- Teilweise richtig 29
- Eher falsch 22
- Völlig falsch 25
- Keine Angabe 5

Die Bonner Politiker betreiben den Ausverkauf der deutschen Interessen.

- Völlig richtig 6
- Teilweise richtig 22
- Eher falsch 34
- Völlig falsch 29
- Keine Angabe 9

Wir sollten streng darauf achten, daß wir das Deutschtum rein erhalten und Völkermischung unterbinden.

- Völlig richtig 11
- Teilweise richtig 25
- Eher falsch 26
- Völlig falsch 30
- Keine Angabe 7

Die Bundesregierung ist eine Marionettenregierung von Amerikas Gnaden.

- Völlig richtig 4
- Teilweise richtig 17
- Eher falsch 30
- Völlig falsch 40
- Keine Angabe 8

Der Einfluß der Juden und Freimaurer auf unser Land ist auch heute noch groß.

- Völlig richtig 6
- Teilweise richtig 19
- Eher falsch 31
- Völlig falsch 32
- Keine Angabe 13

Was uns fehlt, ist wieder eine echte Volksgemeinschaft, also weder Kommunismus noch Kapitalismus.

- Völlig richtig 19
- Teilweise richtig 34
- Eher falsch 20
- Völlig falsch 17
- Keine Angabe 10

Unser Volk wird durch die linken Journalisten in Rundfunk und Fernsehen systematisch irregeführt.

- Völlig richtig 10
- Teilweise richtig 29
- Eher falsch 28
- Völlig falsch 23
- Keine Angabe 9

Nicht nur unsere Umwelt, sondern auch unsere Rasse muß rein erhalten werden.

- Völlig richtig 12
- Teilweise richtig 27
- Eher falsch 23
- Völlig falsch 31
- Keine Angabe 8

Der Verrat des deutschen Widerstandes war schuld an unserer militärischen Niederlage im Zweiten Weltkrieg.

- Völlig richtig 7
- Teilweise richtig 18
- Eher falsch 22
- Völlig falsch 40
- Keine Angabe 13

Es ist richtig, daß man den Kriegsdienst verweigern kann.

- Völlig richtig 35
- Teilweise richtig 34
- Eher falsch 15
- Völlig falsch 11
- Keine Angabe 6

Wenn man vom Krieg absieht, hatte es Deutschland unter Hitler eigentlich besser als heute.

– Völlig richtig	4
– Teilweise richtig	14
– Eher falsch	22
– Völlig falsch	52
– Keine Angabe	9

Gäbe es bei uns wieder Arbeitslager, kämen Zucht und Ordnung von alleine.

– Völlig richtig	8
– Teilweise richtig	20
– Eher falsch	22
– Völlig falsch	44
– Keine Angabe	6

Homosexualität ist widernatürlich und sollte streng bestraft werden.

– Völlig richtig	14
– Teilweise richtig	22
– Eher falsch	28
– Völlig falsch	28
– Keine Angabe	8

Fünf Millionen Deutsche: »Wir sollten wieder einen Führer haben ...« Die SINUS-Studie über rechtsextremistische Einstellungen bei den Deutschen, Reinbek 1981.

II. Zur Ideologie der »Republikaner«

a. Niedergang und Umkehr

Dokument 2: Auszug aus dem Programm der »Republikaner« (1987)

I. Zur Lage der geteilten Nation und des deutschen Volkes

Die im internationalen Vergleich volkswirtschaftlich und sozial günstige Lage der Deutschen der Bundesrepublik täuscht darüber hinweg, daß in ganz Deutschland die geistige und politische Kultur zunehmend verwahrlost, die Sitten mißachtet werden und der Wille schwindet, die nationale Einheit wiederherzustellen. Durch eine gegenläufige Umerziehung der Deutschen in den Teilstaaten wächst die Entfremdung. Sie wird durch die gegenwärtige Bonner Deutschlandpolitik noch gefördert. Das SED-Regime wird umworben, in der trügerischen Hoffnung, die Spaltung erträglicher zu machen. Friedensvertrag und Wiedervereinigung werden nicht unabweisbar gefordert.

Die christlich-liberale Regierung hat entgegen den erklärten Zielsetzungen der Oppositionszeit weder Ansätze zur »geistig-moralischen Wende« erkennen lassen, noch wirksame Ordnungsaufgaben zum Schutze der Bürger in Angriff genommen. In der Außenpolitik folgt sie der sozial-liberalen Linie mit dem Ergebnis wachsender Orientierungslosigkeit, Emotionalisierung und Ideologisierung der Bürger.

Das sich am schlimmsten, weil langfristig auf alle Lebensbereiche auswirkende Versagen liegt auf dem Gebiet von Erziehung und Bildung der jungen Menschen. Sie sind in eine Sinnkrise mit einem immer größer werdenden Verlust an ethischen Werten gestürzt worden.

Auch die von der Union geführte Regierung fixiert die deutsche Vergangenheit weiterhin auf zwölf Jahre nationalsozialistischer Herrschaft. Sie tut nichts, um mit der Entkriminalisierung deutscher Kultur, Geschichte und ihrer Menschen zu beginnen. Die Kriegspropaganda der Siegermächte ist in unsere Geschichtsbücher eingegangen, und ihre Übertreibungen und Fälschungen müssen von der Jugend weitgehend geglaubt werden, da eine objektive Geschichtsschreibung immer noch nicht in vollem Umfang ermöglicht wird.

Ausgehend von der Überzeugung, daß das zunehmend jede geschichtliche, kulturelle und moralische Orientierung verlierende Denken und Handeln nun dringend einer Umkehr bedarf und die Zeit dafür reif geworden ist, werden die Deutschen aller Volksschichten zur *nationalen Selbstbesinnung und geistig-moralischen Erneuerung* aufgerufen. Diese Wende muß vor allem über eine Versachlichung von *Erziehung, Bildung und Information* erreicht werden. [...]

Dokument 3: Wahlflugblatt der »Republikaner«, Schleswig-Holstein

LEBENSSCHUTZ IST NATURSCHUTZ UND KULTURSCHUTZ / IST ARTENSCHUTZ UND VÖLKERSCHUTZ UND HEIMATSCHUTZ
DIE REPUBLIKANER / PARTEI DEUTSCHER PATRIOTEN
MIT UNS / FÜR EINIGKEIT UND RECHT UND FREIHEIT DEUTSCHLANDS / FÜR DEUTSCHE SELBSTERHALTUNG UND SELBSTGESTALTUNG IN EINEM EUROPA DER VÖLKER UND KULTURKREISE / FÜR GESUNDE MENSCHEN IN EINEM GESUNDEN STAATE UND EINER GESUNDEN HEIMISCHEN LANDSCHAFT / FÜR GEISTIGE UND DEMOKRATISCHE ERNEUERUNG UND EINE SAUBERE POLITIK
MIT UNS »RES PUBLICA«: FÜR DIE SACHE DES VOLKES!
ANDERE VÖLKER ACHTEN WIR, UNSERES ABER LIEBEN WIR – DARUM FÜR DEUTSCHE: DEUTSCHLAND ZUERST!

Wenn Politiker lügen, Parteien sich gegenseitig verunglimpfen, Regierungen den Ausverkauf deutscher Interessen betreiben, Wähler nicht mehr zur Wahl gehen, die Geburtenzahl sinkt, die Selbstmord- und Abtreibungsrate steigt, junge Menschen drogen- und sektenabhängig werden und alte ins Heim abgeschoben werden, Schüler zunehmend die Leistung verweigern, Chaoten und Politkriminelle Polizisten erschießen und Verbrecher unsere Städte immer unsicherer machen, wenn Landschaft und Volkstum sinnlos vergiftet und vernichtet und widerstandslos der Überfremdung geopfert werden, ...
so sind all diese Erscheinungen Zeichen einer tiefgreifenden Krankheit, die unser fortschreitend selbstentfremdetes Volk befallen hat, einer Sinnkrise, die ihre Hauptursachen in der Gesamtlage der Nation hat, einer vielfach gespaltenen Nation, der das Recht auf volle Souveränität und Selbstbestimmung immer noch vorenthalten wird, die nach einem halben Menschenalter immer noch ohnmächtig zwischen Krieg und Frieden dahinsiecht, die sich zahlend, zahlend und noch längst nicht frei, schon wieder in neue kostspielige Abhängigkeiten (EG, NATO, UNO, ...) begeben hat und nun, mit vielen unsichtbaren Stricken bis fast zur Bewegungsunfreiheit gebunden, zwischen Aufbäumen und Selbstaufgabe einem ungewissen Schicksal entgegenbangt!
Darum: Wenn Schleswig-Holsteins Wälder kränkeln, seine Bauernhöfe sterben, seine Werftarbeiter entlassen werden, so hat das sicher landes-, mehr noch bundes-, vor allem aber deutschlandpolitische Ursachen, die nur an der Wurzel wirksam bekämpft werden können. Alles andere träfe nur die Symptome, nicht die Krankheit.

Wir Republikaner wollen Wege zur Gesundung aufzeigen und beschreiten. Schleswig-Holstein voran für eine deutsche Politik!

Flugblatt: »Die Republikaner« , Schleswig-Holstein, undatiert.

b. Großdeutsche Wunschvorstellungen

Dokument 4: Flugblatt der »Republikaner« (Auszug)

An alle patriotische Deutschen!
Wir haben noch immer keinen Friedensvertrag. Wir fordern ihn *für ganz Deutschland* auf Grund des Selbstbestimmungsrechts der Völker.
Die Spannungen in *Europa* erwachsen aus der unnatürlichen und menschenverachtenden Teilung Deutschlands und des Kontinents.
Damit diese überwunden werden, fordern die *Republikaner* die *Wiederherstellung Deutschlands* in seinen völkerrechtlichen und historisch gewachsenen Grenzen.
Die Republikaner treten ein für das *Selbstbestimmungsrecht aller Deutschen!*
Wir Republikaner fordern, damit Lüge und Täuschung aufhören:
1. Der *Schulunterricht* hat die *wahre* geschichtliche und *rechtliche Lage Gesamtdeutschlands zu vermitteln.*
2. Das *Fernsehen* und die anderen Medien haben die *völkerrechtlich gültigen* und durch bundesdeutsche höchstrichterliche Entscheidungen bestätigten *Grenzen des Deutschen Reiches* zu zeigen. Sie haben den Artikel 34 des Grundgesetzes zu beachten, der auf den *Rückgriff bei Vorsatz oder grober Fahrlässigkeit* hinweist.
3. Alle Politiker, Minister und Beamte, deren Amtseid u. a. lautet: »... *Schaden vom Deutschen Volke zu wenden* ...« haben die Präambel des Grundgesetzes zu befolgen, die lautet: *»Das gesamte Deutsche Volk bleibt aufgefordert, in freier Selbstbestimmung die Einheit und Freiheit Deutschlands zu vollenden.«*
4. Zuwiderhandelnde sind mit allen Mitteln der Rechtsstaatlichkeit zur Rechenschaft zu ziehen.
Unterstützen und wählen Sie die Republikaner! Wir brauchen eine Stimme in den Parlamenten, die eine rechtlich fundierte und klare Sprache spricht.

Flugblatt: »Die Heimatvertriebenen sind betrogen worden«, undatiert.

Dokument 5: Artikel von F. Schönhuber in »Der Republikaner«

Die Stunde der Wahrheit

Nationale Interessenwahrung

Wir sind weder Atlantiker noch Moskowiter. Wir bekennen uns zu einem Deutschland, das größer ist als die BRD und die DDR. Wir werden dafür sorgen, daß die Wiedervereinigung wieder auf die Tagesordnung der Weltgeschichte gesetzt wird. Die gewaltlose Wiedervereinigung hat ihren Preis. Das wissen wir. Wenn dieser Preis darin bestehen sollte, auf eine weitere Blockbindung zu ver-

zichten, so muß ernsthaft nachgedacht werden. Dabei darf nicht überhört werden, daß hinter friedlichen Schalmeienklängen nicht selten kriegerische Marschmusik anrückt. Wer von Neutralität spricht, darf darunter nur bewaffnete verstehen und die Möglichkeit, mit allen Nationen Verträge abzuschließen, die unserer nationalen Interessenwahrung dienlich sind. Ein wiedervereinigtes Deutschland muß sich gründen auf demokratische Gewaltenteilung und Achtung der Menschenrechte.
Für die Bundesrepublik gilt die Bindung an die NATO, für ein wiedervereinigtes Deutschland nicht unbedingt. Darüber haben aber dann nicht mehr allein die Politiker zu bestimmen, sondern in einer Volksabstimmung alle Deutschen. [...]

»Der Republikaner« 11/1987

c. Antisemitismus und Krieg

Dokument 6: Artikel von F. Schönhuber in »Der Republikaner«

[...] Wir verwahren uns auch gegen Antisemitismus-Vorwürfe bestimmter jüdischer Kreise in Deutschland. Ein *Republikaner* kann und darf kein Antisemit sein, weil er weiß, daß der Rassismus im allgemeinen und der Antisemitismus im besonderen uns in die größte nationale Katastrophe der Geschichte geführt hat. Geschichtsbewußte *Republikaner* wissen, daß Tausende von tapferen jüdischen Soldaten für Deutschland im Ersten Weltkrieg gefallen sind; daß ein Jagdflieger Frankl zu den ersten Pour-le-mérite-Trägern gehörte; daß ein Stahlhelmführer Düsterberg Nationalbewußtsein zum Programm machte; ein Marschall wie Liman von Sanders den Türken im Ersten Weltkrieg den Rücken stärkte. *Republikaner* werden nicht vergessen, was Deutschland jüdischen Wissenschaftlern zu verdanken hat.

Lebenserfahrung aber lehrt uns, daß verordnete, ja erzwungene Liebe zum Gegenteil führt, nämlich zur Ablehnung, in extremen Fällen zu Haß. Und deshalb weigern wir uns, jeden jüdischen Funktionär mögen zu müssen. Und wir meinen, manche wären gut beraten, ihre permanenten Demütigungsversuche an unserem Volk aufzugeben, damit sie nicht zu Schrittmachern eines Antisemitismus werden, den wir *Republikaner* mit allen Mitteln zu verhindern suchen.

Ja zur Versöhnung

Wir verurteilen die Verbrechen des Nationalsozialismus, stehen ein für die Aussöhnung mit dem jüdischen Volk, aber in aufrechter Haltung und nicht unter Preisgabe unserer nationalen Würde. Wir sollten beweisen, daß die Deutschen nicht nur auf militärischem Gebiet tapfer sind, sondern daß sie auch über Zivilcourage verfügen. [...]

Weder »Hiwis« noch Sklaven

[...] Wir sehen in der Demokratie die einzige lebenswerte Staatsform, lassen uns an Treue zur Verfassung von niemandem überbieten. Außenpolitisch streben wir eine größere Manövrierfähigkeit für unser Volk an. Wir wollen weder amerikanische »Hiwis« noch sowjetische Sklaven sein. Oberstes Ziel bleibt die Wiedervereinigung. Blöcke haben keinen Ewigkeitswert.

Wir *Republikaner* meinen, es müsse Schluß sein mit dem Nationalmasochismus, der weite Teile unserer Intellektuellen – in der Regel sind es selbsternannte – beherrscht. Die Bewältigungsmanie verstellt den Blick auf zukünftige Aufgaben, denen wir uns zum Wohle unseres Volkes zuwenden müssen. Zuvor muß freilich ein Kapitel geklärt werden, das den Schlüssel zur Befreiung unseres Volkes aus der geistigen babylonischen Gefangenschaft beinhaltet. Es ist dies die Kriegsschuldfrage.

Wir sind der Meinung, daß die These von der Alleinschuld Deutschlands am Zweiten Weltkrieg kein Tabu mehr sein darf. Wir fordern Historiker auf, ruhig und fern von Emotionen diese These zu prüfen und differenziert zu beantworten. [. . .]

Wir wollen, dem Vaterland zuliebe, dieses heiße Eisen anfassen, weil wir uns der Verantwortung als politische Speerspitze des historischen Revisionismus verpflichtet fühlen.

»Der Republikaner« 12/1986

d. Ausländerfeindlichkeit

Dokument 7: Schlagzeilen im Parteiorgan »Der Republikaner«

UNERTRÄGLICHES SCHEIN-ASYLANTENTUM
DER MISSBRAUCH GEHT WEITER (2/1988)

WIRD BERLIN TÜRKISCH? (2/1987)

WIRD DIE BUNDESREPUBLIK ORIENTALISCH? (9/1988)

VON RAUSCHGIFT ÜBERSCHWEMMT
ASYLBEWERBER ALS DROGENKURIERE/
EXPLODIERENDE BESCHAFFUNGSKRIMINALITÄT (9/1988)

ÜBER 10 MILLIARDEN MARK IN DREI JAHREN
DER ASYLMISSBRAUCH WIRD IMMER KOSTSPIELIGER (6/1989)

ERSCHRECKENDE ASYLANTENKRIMINALITÄT
POLIZEI VOR UNLÖSBAREN PROBLEMEN (1/1989)

Dokument 8: Artikel in »Der Republikaner«

Patriotismus ist Umweltschutz

Wer seine Heimat liebt, wird sie nicht zerstören

Wenn heute auch manche konservative Ökologen meinen, Umweltschutz habe nichts mit nationaler Politik zu tun – und folglich jegliches nationale Anliegen aus ihren Programmen verbannen –, so unterliegen sie einem fatalen Irrtum. Zwar ist umfassender Umweltschutz in der Tat nur weltweit zu erreichen, er hat aber auch eine äußerst wichtige nationale Komponente.

Das Grundproblem aller Umweltzerstörung ist ja hierzulande nicht zuletzt die Überbevölkerung unseres Lebensraums – entscheidend mitbedingt durch die Vertreibung der Ostdeutschen –, die dazu zwingt, eine leistungsfähige Industrie aufzubauen, um allen diesen Menschen Arbeit zu beschaffen. Doch in diesen schon extrem dichtbesiedelten Raum drängen nun auch noch massenhaft Ausländer herein, und gerade das kann eines Tages dazu führen, daß die Umweltprobleme überhaupt unlösbar werden.

Vordergründig erkennen die meisten dabei nur die Tatsache an, daß jeder Ausländer einen Arbeitsplatz – und damit noch mehr Industrie – benötigt, sich an der Zerstörung der Umwelt durch Freizeitverhalten beteiligt und außerdem die Abgas- und Müllbelastung erhöht. Hintergründig geht es aber noch um weit mehr.

Keine echte Heimat

Für Ausländer ist die Bundesrepublik keine Heimat, sondern eben »Ausland«. Daher haben sie meist keine ausreichend innere Bindung an diesen Raum, die eben gerade aus der Bindung des Menschen an ihn als Heimat erst entsteht. Sie fühlen sich ihm nicht in letzter Konsequenz verpflichtet und sehen daher auch kaum eine Notwendigkeit, ihn zu schützen. Das ist aber nur das eine.

Wer sich in der Psyche vieler Deutscher auskennt, weiß, daß unser ausgeprägtes Umweltbewußtsein zu einem großen Teil nur die moderne Variante des alten deutschen Idealismus ist. Dieses »typisch deutsche« Streben nach einem Ideal, eine wohlgeordnete, gute Welt unter Zurückstellung eigener materieller Interessen zu schaffen, ist in der Geschichte anderer Völker längst nicht so ausgeprägt oder fehlt völlig. Und eben deshalb fehlt dort oft auch dieses außerordentliche Umweltbewußtsein und tritt nicht so ausgeprägt in Erscheinung. Man braucht sich nur bei einigen südlichen und westlichen Nachbarn umzusehen, vom Orient und Afrika gar nicht erst zu reden.

In Italien zum Beispiel werden noch immer, allen Protesten zum Trotz, Jahr für Jahr 300 Millionen Zugvögel abgeschossen oder abgefangen, und für die Briten ist die Nordsee längst zur bloßen Müllkippe geworden. Auch zu einer starken Ökopartei ist es nirgendwo sonst gekommen, außer in unserem Land. Und schließlich war es immer die EG, die eine konsequente Umweltschutzgesetzgebung hier verhinderte. Je stärker sich also solche Mentalität bei uns ausbreitet, um so schlechter wird es um den Umweltschutz bestellt sein.

Dazu kommt noch ein drittes. Andere Völker haben nicht nur ein anderes Geburtenverhalten als wir, sie bilden in der Bundesrepublik ethnische Minderheiten, die sich mit der Gastrolle nicht immer abzufinden gedenken. Bei der Forderung nach dem kommunalen Wahlrecht fängt es an. Und auch offene Drohungen gegen die einheimischen Deutschen sind bereits zu hören. So bekam unlängst eine deutsche Wohnungsvermieterin von dem Kind einer türkischen Mieterin zu hören: »In zehn Jahren gehört das alles uns, und dann schmeißen wir die Deutschen raus!«. Mag dies auch ein nicht zu verallgemeinerndes Einzelbeispiel sein, so ist doch andererseits nicht von der Hand zu weisen, daß in bestimmten Ausländergruppen, zum Beispiel in einigen sogenannten Koranschulen, der nackte Deutschenhaß propagiert wird. Besonders schlimm wird es dann, wenn sich zur ethnischen Problematik das religiös-missionarische Element hinzugesellt.

Kampf mit den Wiegen

Der »Kampf mit den Wiegen« tobt auch anderswo: In Bulgarien führt das zum Beispiel dazu, daß die dortige türkische Minderheit die vierfache Geburtenrate hat wie die einheimischen Bulgaren! (Was schon zu erbittertem Streit mit harten Zwangsmaßnahmen seitens der Bulgaren geführt hat.) Und in Südafrika wurde durch unterschiedliches Geburtenverhalten aus einem einstigen Verhältnis von 1:1 ein heutiges von 10:1 – für die Schwarzen. Mit steigender Tendenz.

Bei diesem Kampf um die politische Herrschaft wird man sich auch von Umweltproblemen nicht stören lassen – das würden allenfalls Deutsche tun. Im Golfkrieg sehen wir, wie das Ökosystem des persischen Golfs bedenkenlos dem Kampf um die Macht geopfert wird. Ebenso Israel: Araber und Israelis versuchen sich gegenseitig aus dem Land hinauszugebären – und drohen dabei, sowohl sich selbst als auch das Land zu ruinieren.

Nur ein Blinder kann also behaupten, Lebens- und Umweltschutz habe keine ausgesprochen nationalen Aspekte. Diese können eines Tages sogar das entscheidende Moment werden!

Respekt vor anderen Völkern und Kulturen!

Umweltschutz ist eine Aufgabe, die nur als echte Gemeinschaftsleistung erreichbar ist. Diese aber bedarf auch des Gemeinschaftsbewußtseins, des Gefühls der Zusammengehörigkeit wie der Verantwortung gegenüber der eigenen Heimat. All das ist nur im Rahmen eines identitätsbewußten Volkes auf eigenem Boden gegeben. Dieses zu erhalten ist also weder Blut-und-Boden-Gesinnung noch böser Rassismus, sondern schlicht und einfach ökologische Notwendigkeit.

Selbstverständlich steht jedem Volk – nicht nur dem deutschen – das Recht zu, seine Interessen im angemessenen Ausgleich mit den Nachbarn wahrzunehmen. Anderswo geschieht dies auch. Nur wir Deutschen müssen uns erst wieder angewöhnen, eigene Belange zu vertreten – ohne chauvinistisches Übermaß und mit Respekt vor anderen Völkern. Denn echte und freundschaftliche Zusammenarbeit zwischen den Staaten und Nationen ist am besten dann zu gewährleisten, wenn sich keiner der Partner übervorteilt oder auch nur überfordert sieht. Ökologische Probleme gibt es heute nahezu überall. Wir Deutschen täten gut daran, die unseren nach besten Kräften zu lösen, ohne uns zusätzlich die Probleme anderer Völker und Nationen auch noch anzueignen.

Demokratischer und humaner Patriotismus, der auf der Liebe zum eigenen

Volk und auf der Achtung vor anderen Völkern beruht, ist der natürlichste und damit auch wirksamste Umweltschutz. *Erik Zimmer*

»Der Republikaner« 7/1988

e. Tarifpolitik

Dokument 9: Flugblatt der »Republikaner«

Die preistreibende Tarifpolitik führt die deutsche Volkswirtschaft in eine Sackgasse. Sie schafft mehr Arbeitslosigkeit.

So darf es nicht weitergehen! Schluß mit der verantwortungslosen Arbeitsmarktpolitik der Tarifpartner und Parteien!

Auch die CDU/CSU/FDP-Regierung hat ihre Unfähigkeit bewiesen, Wege für die Bewältigung der strukturellen Probleme unserer Wirtschaft und zur Verminderung der Arbeitslosigkeit zu weisen. Entgegen allen Versprechungen und trotz günstiger weltwirtschaftlicher Bedingungen hat auch diese Regierung den Schulden-, Arbeitslosen- und Ausländerberg weiter erhöht.

Sie läßt zu, daß Tarifpartner und die Arbeitsjustiz einen preistreibenden, die Allgemeinheit und besonders die sozial Schwachen belastenden Arbeitskampf führen und keine Rücksicht auf die Öffentlichkeit nehmen.

Die Republikaner werden das Machtkartell der »Tarifautonomie« von Gewerkschaften, Arbeitgeberverbänden, Arbeitsjustiz und Parteien durch eine allen Arbeitenden verantwortliche »konzertierte Aktion« unter Einbindung der sich vor der Verantwortung drückenden Regierung brechen und auf den Weg bringen zur *Herstellung von Vollbeschäftigung.*

Die Republikaner treten ein für
- weniger Staat, Gesetze, Steuern und Superbürokratie und für
- mehr Gemeinsinn, Mitverantwortung und Initiative

im Sinne einer freien, sich hauptsächlich selbstregulierenden, sozial-ökologischen Marktwirtschaft mit einem möglichst hohen und dauerhaften Beschäftigungsstand.

Die Republikaner fordern zur Herstellung von Vollbeschäftigung:
- Keine weitere Verteuerung des wichtigsten Kostenfaktors »Arbeit« zugunsten der Preise für Konsum und Export.
- Keine weitere Verteuerung des wichtigsten Kostenfaktors »Arbeit« zu lasten der Preise für Konsum und Export.
- Behebung des Fachkräftemangels durch mehr Umschulung und Leistungsanreize.
- Schluß mit der Irreführung der Wähler durch verlockende Wahlgeschenke und -versprechungen und mit der Verfälschung des Lohn-Preis-Leistungs-Verhältnisses, das Arbeitende in die Schattenwirtschaft, Kapital in Steueroasen und Investoren und Unternehmen ins Ausland bringt.
- Umkehrung der Lohn-Lohnnebenkosten-Spirale, welche geführt hat zum lohnbedingten Teil der Arbeitslosigkeit, zum Einsparen von Arbeit, zum techni-

schen Wegrationalisieren und zur Auszehrung des Eigenkapitals des Mittelstandes.
- Lichtung des Bürokratie-, Gesetzes- und Steuerdschungels.
- Mehr NETTO durch eine auf Leistung und Vermögensbildung für jedermann ausgerichtete Steuerpolitik, so daß auch mehr Eigenkapital gebildet und hier investiert wird.
- Flexible Handhabung von Arbeitszeit, Arbeitslohn und Lebensarbeitszeit je nach Branche und Tätigkeit.
- Sanierung der von Schwarzarbeit am schwersten getroffenen Handwerksbetriebe durch Steueränderungen.
- Anprangerung und Verfolgung der Schwarzarbeit als Steuer- und Sozialabgabenbetrug.
- Reduzierung der Gastarbeiterzahl und Vorrang für deutsche Arbeitnehmer bei Arbeitsplatzvergaben. [...]

Flugblatt: »Die Republikaner«, undatiert.

f. Frauenpolitik

Dokument 10: Artikel zur Abtreibungsfrage von J. Grund, stellvertretende Bundesvorsitzende der »Republikaner«

Schluß mit dem Kindermord!
Plädoyer gegen den Mißbrauch des Abtreibungsrechts

[...] Im 21. Jahrhundert, so rechnet man, werde es nur noch 30 Millionen Deutsche auf dem Boden der heutigen Bundesrepublik geben, aber genau so viele Einwohner wie heute.

Dann aber wird das Land nicht mehr deutsch und kaum noch christlich sein. Der Islam steht schon auf dem Sprung. Westeuropa, so denkt man in Teheran, wird uns wegen der schwachen Geburtenziffern, der AIDS-Epidemie, dem wachsenden Anteil islamischer Asylanten und Gastarbeiter und der Zunahme von Konvertiten wie eine reife Frucht in die Hände fallen. Die Mullahs haben schon einen Statthalter (Wali) für Westdeutschland bestimmt.

Aber das ist nur ein Nebeneffekt der Folgen heutiger bundesdeutscher Gesetzgebung, allerdings ein brisanter. Mit weit über 200 000 legalen Abtreibungen ungeborener Kinder jährlich steht die Bundesrepublik an der Spitze der Welt. Das ist möglich durch das am 18. Mai 1976 durch die sozialistisch-liberalistische Koalitionsregierung nach heftigem Widerstand der Unionsparteien angenommene 15. Strafrechts-Änderungsgesetz zum § 218. [...]

Besonders verheerend wirkt sich die soziale Indikation aus, die eine Tötung des Kindes bis zum Ende des dritten Monats zuläßt, so z. B. bei drohender Zerrüttung von Ehe oder Partnerschaft, Diskriminierung durch die Umwelt, relativ hohem oder jungem Alter der Schwangeren, beträchtlichen Einkommensverlusten infolge Wohnungs- und Arbeitsplatzwechsels, sozialen Abstiegs ... Nicht mehr objektive Faktoren bestimmen, ob die gegenwärtige oder zukünftige Notlage der Schwangeren zur Tötung des Kindes ausreicht, sondern die individuelle Zumutbarkeit für die Frau in ihrer konkreten Situation.

Wessen Lebensrecht geht also vor? Moral und Ethik und auch das Grundgesetz erkennen keinen abgestuften Lebensanspruch zwischen Geborenen und Ungeborenen an. Das Lebensrecht des Kindes ist somit gleichrangig. Reine Theorie! In Wahrheit jedoch haben Kinder leider keine Lobby, und ungeborene schon gar nicht.

Das ganze Elend begann mit der sogenannten »sexuellen Befreiung«, der Freigabe der Pornografie in den späten sechziger und frühen siebziger Jahren, der Auflösung von Sitte und Moral, den Rufen »make love, no baby!« und dann logischerweise »Mein Bauch gehört mir!«. Das Ergebnis sehen wir heute auf Schritt und Tritt, den Egoismus, die Perversion einer Gesellschaft, die dem Genuß ohne Folgen, ohne Verantwortungsbewußtsein huldigt, deshalb auch das Töten ungeborenen Lebens fordert, geborenes Leben als Schicksalsschlag ansieht, der freiheitsbehindernd, vermögensmindernd und sozialgefährdend wirkt. Mit der Pille hat der Mensch sich selbst gottähnlicher gemacht, zum Herren darüber, ob Leben entstehen soll oder nicht. Sie hat der Frau zwar die Angst genommen, hat bei Mann und Frau aber Verantwortungsbewußtsein abgebaut und zu Enthemmung geführt. [...]

CDU/CSU und die Kirchen haben die »Schlacht um die Abtreibung« in den siebziger Jahren größtenteils verloren, aber sie haben, als die Unionsparteien 1982 wieder Regierungsverantwortung übernahmen, nichts getan, um diesem Massenmord im Mutterleib Einhalt zu gebieten. [...]

Es ist ein Skandal! Sie führen das Wort »christlich« in ihrem Namen (5. Gebot: Du sollst nicht töten!), aber sie haben [...] seitdem keine Gesetzesinitiative ergriffen [...]. Käme der Herr heute wieder auf die Welt, er würde mit solchen »Christen« eine gewaltige Tempelaustreibung durchführen, die jene zum Paschafest der Juden von Jerusalem bei weitem überträfe.

Und warum fordern die Kirchen nicht vehementer von den ihnen verbundenen Abgeordneten der Regierungsparteien CDU und CSU die Änderung des § 218? [...]

Die *Republikaner* [...] wollen die Handhabung des Schwangerschaftsabbruchs nach der Neufassung des § 218 unter Strafe stellen und nur zwei genau umrissene Indikationen (zu § 218a) gestatten:

1. wenn Leben oder Gesundheit der Mutter oder des Kindes gefährdet sind (medizinische Indikation),
2. wenn eine Vergewaltigung erwiesen ist (kriminologische Indikation).

»Der Republikaner« 11/1987

g. »Recht und Ordnung«

Dokument 11: Artikel von F. Schönhuber in »Der Republikaner«

Recht und Ordnung

Es ist immer das gleiche: Spielen Gangster in der Bundesrepublik zum Totentanz auf, gehen zunächst die Politiker in Deckung, überlassen die Begleitmusik gewissenlosen Journalisten und das Bezahlen der Rechnung den Polizisten.

Ist nämlich alles vorbei, sind die Toten kaum kalt, werden die Politiker wieder lebendig und verbreiten jene Sprechblasen, die in wechselseitigen Schuldzuweisungen bestehen. Dabei steht eines fest: Es hat keinen Sinn mehr, weiter an den Symptomen herumzudoktern; es müssen die Ursachen des Elends beseitigt werden. Und die Ursachen des Elends liegen darin, daß unser Land allmählich zu Tode liberalisiert wird. Die Rolle der Totengräber spielen dabei Baum und Hirsch, Süssmuth, Geißler, Blüm.

Ich bin nach wie vor aus ethischen Gründen ein Gegner der Todesstrafe, möchte es mir aber nicht so leicht machen, jeden Befürworter der Todesstrafe, der in ihrer Anwendung das einzige Bollwerk gegen eine Überflutung durch Verbrechen sieht, als unverbesserlichen Rechtsradikalen abzuqualifizieren. Dies würde ja auch bedeuten, die politisch Verantwortlichen in Amerika und der Sowjetunion, wo bekanntlich die Todesstrafe existiert, als Unmenschen zu titulieren.

Die beginnende Debatte um die Todesstrafe aber verlöre an Stoßkraft, wenn die rechtsstaatlichen Mittel extensiver genutzt und die Strafen drastischer verschärft würden. Wir Republikaner verlangen die gesetzliche Höchststrafe, also lebenslänglich, dabei ohne Aussicht auf Gnade, für Kindesentführung, Geiselnahme, Polizistenmord und Rauschgiftgroßdealer. Wir verlangen ein Umdenken bei der Gewährung eines Hafturlaubs und wollen Triebtäter und Gewaltkriminelle davon ausgeschlossen sehen.

Stellen wir jedoch diese Forderungen auf, werden wir in schöner Regelmäßigkeit von jenen menschheitsbeglückenden Wohlstandsparasiten angegriffen, die ihre Wohnsitze in Villengegenden haben, die weitab von den Zentren des Terrors und der Verbrechen liegen. Man sollte es Politikern zur Pflicht machen, ein paar Tage beispielsweise in Berlin-Kreuzberg leben zu müssen. Vielleicht würden ihnen dann die Augen aufgehen und sie jene verantwortungsbewußten demokratischen Kräfte nicht mehr ausländerfeindlich nennen, die sich gegen einen weiteren Zustrom von Ausländern stemmen. Sie sollten sich dort Parolen wie »Deutschland, verrecke« anhören und ansehen müssen und die Frage stellen, was wohl die türkischen Behörden machten, käme ein deutscher Urlauber in Istanbul auf die aberwitzige Idee, ein »Türkei verrecke« an eine Hauswand zu pinseln.

Wir Republikaner scheuen uns nicht, die Dinge beim Namen zu nennen. Wir sagen das laut, was viele Deutsche leise denken. Wir sind Vorreiter. Wir machen die Drecksarbeit. Wir geben den einsichtigen, aber noch unsicheren Kräften in der CDU/CSU die Möglichkeit, nachziehen zu können. Deshalb muß es uns *Republikaner* geben. [...]

Wir *Republikaner* bekennen uns zur Gewaltfreiheit. Wir sehen in jedem Demonstranten, der Steine gegen Sachen oder gar Menschen wirft, einen Verbrecher.

Wir bekennen uns zur Rechtsstaatlichkeit und treten ein für den Schutz derer, die die Rechtsstaatlichkeit garantieren. Es ist deshalb kein Zufall, daß immer mehr Angehörige der Polizei, der Bundeswehr und des Grenzschutzes zu uns stoßen.

Es ist weiter kein Zufall, daß unlängst gerade in Berlin bei einem hervorragend vorbereiteten und durchgeführten Parteitag ein Polizeibeamter zum Landesvorsitzenden der Republikaner gewählt wurde, nach dem Vorsitzenden von Baden-Württemberg der zweite unter den gewählten Landesvorsitzenden.

Wir sagen es offen und gerade heraus: Wir sind die Partei von law and order, im Sinne einer korrekten Übersetzung von Gesetz und Ordnung. Dies bedeutet kein Duckmäusertum. Auch Gesetze können geändert werden, für uns aber nur auf demokratischem und parlamentarischem Weg und nicht unter dem Druck der Straße.

»Der Republikaner« 9/1988

Dokument 12: Artikel von F. Schönhuber in »Der Republikaner«

Deutschland zuerst!

Die Vorhut der apokalyptischen Reiter sind die trojanischen Esel. Sie tummeln sich in der Publizistik, im Klerus, in der Politik, vor allem aber in der Justiz. Die sogenannte 68er Generation hat den langen Marsch durch die Institutionen erfolgreich zum Abschluß gebracht und sich in die Vorstandssessel geschwungen. [...]

Brechende Dämme

Die linken, von Moskau ferngesteuerten und von Washington teils mit Schadenfreude, teils mit Gleichgültigkeit verfolgten Unterwanderungsschwadronen verfügen über mehrere Stoßkeile. In Teilen der Publizistik wurden jahrelang law and order, also Gesetz und Ordnung, lächerlich gemacht und ihre politischen Vertreter als Rechtsradikale diffamiert. Nachdem das Terrain so vorbereitet war, ging man dazu über, die Ordnungshüter, von Polizei über Grenzschutz bis Bundeswehr, an den Pranger der veröffentlichten Meinung zu stellen und letztendlich, wie in Frankfurt geschehen, zu kriminalisieren. [...]

Die Dämme beginnen zu brechen. Der Rechtsstaat droht überflutet zu werden. Und ich gestehe: Es bedurfte der Mobilisierung aller meiner moralischen Abwehrkräfte, um eine klammheimliche Freude zu unterdrücken, als ich von der Erstürmung der Hamburger Börse durch Chaoten las. Zum ersten Mal wurden auch die ansonsten entrückt über den politischen Wolken schwebenden »Pfeffersäcke« buchstäblich hautnah mit der politischen Wirklichkeit konfrontiert. Bisher schauten sie lediglich amüsiert zu, wenn patriotische Politiker Kostproben der politischen Kultur à la Hafenstraße erhielten. [...]

»Der Republikaner« 1/88